中国科学技术大学研究生教育创新计划项目经费支持

一流规划教材

研究生系列教材

心理学

# 心理拓展与团队训练

# PSYCHOLOGICAL DEVELOPMENT AND TEAM TRAINING

第2版

宋 怡 编著



中国科学技术大学出版社

## 内 容 简 介

本书从游戏化学习和体验式教育出发，贯穿团体心理训练理念，呈现自我探索、人际沟通、人际信任、团队合作、突破定势、团队领导等知识与实践主题。内容包括可以直接用于教育教学实践的27项活动操作细则以及相关的知识理论，有助于教师（教练、带领者）有效开展相关课程或主题活动。

本书适合想学习和了解心理拓展和团队训练知识与操作方法的师生使用。


**图书在版编目（CIP）数据**

心理拓展与团队训练/宋怡编著.--2版.--合肥：中国科学技术大学出版社，2024.6. --ISBN 978-7-312-06023-6

Ⅰ. G444

中国国家版本馆CIP数据核字第2024UX3125号

**心理拓展与团队训练**

XINLI TUOZHAN YU TUANDUI XUNLIAN

**出版** 中国科学技术大学出版社
安徽省合肥市金寨路96号，230026
http://press.ustc.edu.cn
https://zgkxjsdxcbs.tmall.com

**印刷** 安徽国文彩印有限公司

**发行** 中国科学技术大学出版社

**开本** 787 mm×1092 mm 1/16

**印张** 11.75

**字数** 217千

**版次** 2019年8月第1版 2024年6月第2版

**印次** 2024年6月第3次印刷

**定价** 50.00元

# 第2版前言

自2002年迈入华东师范大学心理学系大门，我与心理学结缘至今已经22年，从求学者到从业者，团体心理训练几乎贯穿了全过程。自偶然遇见，到逐渐沉浸，这个过程其实没有太多戏剧化色彩，平实得如同每天的生活。但我想，很多人也就是这样偶然遇到了自己的专业，然后平实朴素地进行专业理论和实践学习，才慢慢发现和确认它可以成为坚持一生的目标。

最初，在团体心理训练中，腼腆、内向、胆怯、羞涩的我，被任务推动着融入群体中，渐渐地发现，即便是很多时候缺乏主动融入意愿的人，只要因为任务要求不得不一直沉浸于互动氛围里，还是会逐渐被环境所影响，慢慢地发生改变；到了工作岗位后，团体心理训练相较于教学和心理咨询变成了我最为擅长的内容，于是在其他方面还处于惶惶状态的我，通过团体心理训练获得了工作上的第一份自信，总会有人说带领团体心理训练时的我会绽放出一种光芒，这是在别的时候看不到的。于是，我对带领团体心理训练就更加地喜欢和有自信，也更有主动性。这些个人体验，也被用于日后的团体心理训练带领工作和教学建设中，并且在其他更多人的身上观察到了相似的发展状态。

经过这些年的体验和积累，我深刻感受到团体心理训练的作用和价值。如同本书的书名，心理拓展与团队训练——通过逐步深入的人际互动，可以让不同意愿的人或被带动或去带动，通过人与人之间的交互去更多地发现自己，促进心灵成长，心理拓展；把建设团队作为目标，以训练活动为抓手，通过时间过程的酝酿，逐步体会如何建立团队、创造团队仪式感，如何进行团队合作和默契训练，如何面对团队冲突，这些体会中可能有成功的、愉快的回味，也会有失败的、痛苦的经验，而这样的过程恰好又符合生活要交给我们每个人的真实问题。我们模拟、演练、体会、思考、总结、分享，既是为了走向更好的未来，也同样为了收获真实深刻的现在。

本书既可以作为“心理拓展与团队训练”等团体心理活动课程的教材，也可以作为教育工作者开展青少年团体心理教育教学的参考书。从2019年出版了《心理拓展与团队训练》第1版，到2020年第1版重印，再到2021年获批中国科学技术大学研究生教育创新计划项目优秀教材出版项目(项目编号:2021ycjc24)，本书的出版持续得到了中国科学技术大学研究生教材出版专项经费的资助和支持，我感到非常幸运。要感谢的人实在很多，不能一一列出，实属遗憾。且因能力有限，本书还有很多不足，也恳请同行和读者不吝指正。无论如何，我都将更加努力，来回报给我支持的所有人。

# 前　言

2003年，作为研究生一年级的学生，我在华东师范大学心理学系的圆形实验室里看到了一则招募助理的广告。当我兴冲冲地抱着学习多媒体制作的想法，却莫名地加入了团体心理训练的学习小组时，完全想不到这个经历会带给我怎样的体验和改变。

从一个羞涩内敛的青年学生，到可以自如地带领100多名学生开展团体活动的教师；从反复地体验着各种活动，到指导他人开展活动；在不断的体验和学习中，感受着游戏化学习的乐趣和收获，这是一个自我成长和发现的过程。体验式学习、团体心理、自我探索、人际沟通、团队合作、领导力，这些名词都曾反复地出现在学习和实践的过程中，它们也将一一出现在本书里。

15年的时光沉淀，我虽然暂时只能做知识的搬运工，但也希望把积攒的团队课程经验做一些分享。因此，才有了这本书。

本书分为三个部分，分别是教学实践篇、知识拼图区和团体活动精选，并附部分学习者心得集锦。

教学实践篇，供带领者在开展心理拓展与团队训练前做设计参考用。这是笔者根据自己的学习和教学经历，编写的16个教学实践案例，包含教学思考、教学实际操作、讲解说明和项目总结基本引导框架等内容。教学带领者可以直接使用，也可以选用其中的部分内容，自行确定训练次数和内容安排。

知识拼图区，供带领者在开展心理拓展与团队训练前做知识准备用。这一部分包含了以方法分类的体验式学习、游戏化学习，以类型分类的户外拓展、历奇教育、团体辅导,以训练目标分类的自我探索、人际沟通、团队与合作以及挫折应对的相关知识。学习者亦可自行学习本部分内容,并在训练后用于分享,亦可增加训练深度和效果。

团体活动精选,供带领者在开展心理拓展与团队训练前做课程设计用。笔者挑选了30项团体活动作为教学实践篇里活动内容的补充,以供带领者选择适合自己的活动用于教学。

附录部分的学习者心得集锦,是参加过笔者开设的"心理拓展与团队训练"课程的一部分学生所写的心得。受篇幅所限,不能把所有心得都收入手册中。这部分内容可供带领者感受教学实践的一些效果,亦可作为带领者在开展训练过程中与学习者分享的经验素材。这部分也是对修读过该门课程的学生一份真诚的致谢。

本书既可作为"心理拓展与团队训练"等团体心理活动课程的教材,也可以作为教育工作者开展青少年团体心理教学与训练的参考教材。

从开始思考筹备到本书编写完成,前后也有一年多的时光,书稿恰好在中国科学技术大学60周年校庆之际基本完成。虽然本书价值微薄,但也包含着一份对学校的祝福。

在这段时光里,笔者得到了学校领导、同事及学生的支持和帮助。在此,诚挚地感谢中国科学技术大学研究生院万洪英老师、中国科学技术大学出版社对本书编撰和出版的大力支持,感谢华东师范大学叶斌老师、张麒老师,上海师范大学周圆老师以及香港突破基金会的老师们曾经的教诲和支持的部分内容资料,感谢好友叶雅鹏女士手绘的插画,感谢金钦等同学协助整理相关资料,感谢所有选修过"心理拓展与团队训练"课程的同学们,感谢我的家人一直以来给予的包容和鼓励,还有所有参考的书籍文献资料的作者,在此一并表示衷心的感谢。由于能力所限,本书中若有不足或不当之处,恳请同行和读者批评指正。

本书的完成将会是我日后努力的新起点。

宋 怡

2018年9月20日

# 目　录

# 第一章　推开认识游戏的门

小时候，游戏是生活的主要内容，
没有网络，就在现实中
因为游戏，人与人之间的距离很近。
长大了，游戏似乎转移了，
现实中的互动游戏越来越少，
网络中的游戏越来越多。
我们以为长大了，不会再像小时候那样玩游戏，
可是，在“心理拓展与团队训练”的活动课上
大家玩得不亦乐乎。
团体心理活动让大家发现，
会玩很重要，
会玩很开心，
会玩能促进心理健康，
会玩有益于人际关系建立与深入，
会玩甚至还能促进学习状态和科研工作。
游戏化学习，不仅在于游戏，同时也是学习。

## 人人皆会“游戏”

当人们看到小婴儿时，似乎都很容易成为游戏“达人”。因为婴儿小小的、萌萌的，而且不会言语，最多发出咿咿呀呀的可爱声音，他/她圆溜溜的黑眼珠会盯着你一动不动，似乎对你充满好奇和关注，你的心情瞬间变得柔软、愉悦，也想要让他/她感受到这种美好和快乐，于是你尝试逗他/她开心，你开始不顾形象地嘟着嘴、睁大眼睛，还要尽量让自己的表情不要太狰狞，发出一些你平日里根本不好意思弄出的咕噜咕噜声音，如果他/她不为所动，你就会使出撒手锏，做一个你自己认为非常搞笑或可爱的鬼脸，这时如果他/她咧开小嘴咯咯地乐起来，你就仿佛得到了最大的奖赏，对自己感觉非常自信和认可，而如果他/她不能理解，仿佛被惊吓到甚至哭出来，你就可能会惊慌失措和满心内疚。

无论是怎样，在那一刻，你其实都全心全意地投入在游戏的状态中，你也会从这个经历中获得一些有效的经验，如果他/她笑了，那么你下次遇到第二个小婴儿时，你就有一个成熟的模式可以运用，如果他/她哭了，这次的表现在下一个婴儿那边可能就会被舍弃不用，除非你想吓哭下一个婴儿，你变得更为谨慎和老练，这就是学习带来的成长。

## “游戏”带动思考

2012年，一所高校策划和组织了一场心理健康教育活动，主题是“写给未来的‘你’”。主办方准备了精美的信纸和信封，还定制了透明的邮箱。想要给未来的自己写信的学生，可以自由地领取信纸和信封，写好信后自行封口，然后，他们可以选择在信封上注明未来的收信地址，也可以选择不写，自己到主办方放置邮箱的地点投入对应年份的邮箱（十年内一年一个邮箱）。主办方承诺每年会寄出注明地址的信，也会在每年的开放时间，让没有注明地址的人自行前来取回自己的信。第二年，注明地址的信被如期寄出，但没有注明地址的信却没有被取完；第三年，注明地址的信被如期寄出，但没有注明地址的信剩了不少；第四年，注明地址的信已经不多了，留下了大量没有注明地址也没有人领取的信。那些在2012年给未来的自己写信的人们是忘记回来领取，还是因为成长道路上要记住的东西太多，遗忘了这一封信，我们无从得知。但那一封封亲笔写下的信在撰写的时刻应该都流淌着写信人对未来的情感，他们在参与这个主题活动时，已经有所收获，这一点应该也是毋庸置疑的吧。

有一位老师曾在课堂上安排学生给儿时的自己写一封信。如果有一天人们真的可以时空穿梭回到过去，给儿时的自己留下一封信，你想要告诉他/她什么呢？课堂上，有些学生戏称赶紧把各种考试的正确答案带回去，这样就可以让自己顺利地通关甚至跳级升学考上最顶尖的学府；有些学生说要告诉曾经的自己小时候要痛快地玩耍，否则就一直没有时间玩耍；有些学生说只想让儿时的自己更开心地生活，鼓励他/她遇到任何困难和挫折都不要害怕，要记得多交几个好朋友，不要总跟爸爸妈妈闹脾气；有些学生说不知道写什么，也并不想用这样一封信去影响和改变儿时的自己，自己一直以来的生活并不想有什么改变。

无论是“写给未来的‘你’”还是“写给儿时的‘你’”的活动，都可以视作为“游戏”。很多人一开始并不一定会深入思考要写的内容，只是把它当作一场游戏体验，参与到一个群体活动中罢了。但当人们主动进行这个游戏时，关于自我、关于生活、关于生命的思索历程也就同时开启，成长便在这样的历程中伴随产生。

## 关于游戏的认识

逗弄小婴儿和给自己写信这些行为活动似乎不太像常识里的游戏。在《游戏，让学习成瘾》中文版里，作者卡尔·卡普在致中国读者的序言中提及，“孩子们天生就喜欢通过游戏学习，因为玩游戏是理解我们这个世界的有效途径。也许你玩过桌面游戏，在童年时代，你喜欢钓鱼，玩猫捉老鼠、跳皮筋这些游戏”。伴随着时代的不断发展，游戏也在不断地发展和变化。对于2000年之后的中国读者而言，桌面游戏应该是很常见的，但是“00后”会认为钓鱼是游戏吗？在中国，20世纪80年代出生的人们谈论儿时游戏大概会提到的是“老鹰捉小鸡”“丢手绢”“跳皮筋”“扔沙包”“踢毽子”，90年代出生的人们谈起儿时游戏可能更是“冒险岛”“魂斗罗”“街头霸王”“坦克大战”等电子游戏，而2000年后出生的网络原住民挂在嘴边的游戏名称，则可能是他们出生于20世纪七八十年代的父母们几乎不太知晓的了。“00后”会以跳皮筋作为日常游戏的孩子应该不多了，而钓鱼可能更多会被认为是中老年人的“游戏”。

在汉语中，游戏曾被称为过“游”“戏”“玩”“游戏”。从简单的击壤、投壶，到复杂的博戏、棋类，游戏一直伴随着中华文明的演进。很多古诗词中都有描述儿童与自然、动物、他人游戏的内容，比如“儿童散学归来早，忙趁东风放纸鸢”“儿童急走追黄蝶，飞入菜花无处寻”“郎骑竹马来，绕床弄青梅”，这些文字仿佛将我们带入了儿童游戏的画面，那么成年人的游戏呢？我们也可以在很多古画里看到骑马、垂钓、舞蹈、吟诗作对的图景，琴棋书画诗酒花茶雅俗共赏，流传至今。在中国古代，游戏活动是相当普遍的，其中一部分士大夫对游戏投入了极大的热情，不仅亲身参与游戏，而且还积极进行游戏的编创。在这些士大夫看来，游戏不只有“玩物丧志”的一面，还承载了若干积极的社会功能。游戏可以使人放松身心，怡情悦性，更重要的是能够以潜移默化的方式对百姓进行道德教化，以寓教于乐的方式实现知识的普及和传播，在游戏中融入各种知识，可以使参与者在放松身心的同时快乐地学习。许多古老的游戏有赖作为参与者的士大夫的努力，方得以流传下来，充实了中华民族文化遗产的宝库。士大夫有意识地通过游戏来劝化和教育百姓，也在游戏中论理言志、寄情托兴，从中找到了又一个安放身心的家园。三国时期魏国的邯郸淳著有《艺经》一书，其中包含了弹棋、投壶、夹食、簸子、掷砖等各种游戏，大约是已知最早的中国游戏专著。当然，也有一些古代游戏中存在糟粕因素，因而历代文人中也一直存在着限制和反对游戏的声音，中国自古就有“玩物丧志”的训诫，“业精于勤荒于嬉”被广大读书人奉为座右铭，对游戏的限制和打压，往往伴随着禁赌和矫正社会风气而来，因此健康的积极的游戏才能获得长久的承袭和发展。

人生八雅
琴棋书画
诗酒茶花

在英语中,“play”和“game”都有游戏的意思。“play”作为名词时,可以看作一类行为的总称,比如舞台表演、角色扮演游戏(真人卡通秀,又或者是现在非常流行的剧本杀),有些游戏中规则是隐性的,寓于游戏过程中并受游戏主体制约,但它作为动词时,又带有获得快乐和满足的意味。而“game”主要指有规则的游戏,规则是外显的,用以制约游戏主体。荷兰学者胡伊青加的游戏理论就主要是“game theory”,他对于社会性游戏的具体论述包括了游戏的自愿性或自由性、游戏的虚拟性或非实利性、游戏在时空特征和规则上的封闭性、游戏规则的绝对性和游戏形式的可审美性。

人们耳熟能详的古希腊哲学家也关注游戏。柏拉图认为游戏满足了儿时跳跃的需要。亚里士多德则认为游戏是非目的性的消遣和闲暇活动。康德把游戏者和艺术工作者联系到一起,客观上提升了游戏的地位。西方古典游戏理论试图通过哲学推理,得出人们为什么要玩游戏,游戏的本质目的是什么等问题,其中最具代表性的有四种:精力过剩说、松弛消遣说、复演论和预演论。精力过剩说可以追溯至席勒,他认为游戏就是要发泄过剩的精力。哲学家斯宾塞进一步发展了该观点,认为游戏是生物体为了适应自身进化而出现的一种消耗剩余能量的方式;哲学家拉扎鲁斯认为游戏是一种放松,是为了从日常生活的疲倦中重获精力,可以看作最早提出的松弛消遣说;复演论是心理学家霍尔从胚胎学的角度出发提出的,他认为游戏是一种经验回溯,反映出人类的文化发展,如特定年龄的儿童会呈现狩猎、野蛮、游牧、农耕和部落等不同阶段的行为;预演论的代表人物是生物心理学家谷鲁斯,他以自然选择理论为基础,认为幼小的生物体为了生存,必须不断完善本能以适应复杂的环境,而游戏则是对这种本能的无意识训练和准备。

现代游戏理论试图从动机和认知的视角,探究游戏对人类情感和学习发展的影响。精神分析理论创始人弗洛伊德认为,游戏作为现实的对立面,使儿童避免了现实的束缚,为儿童调节本我与超我之间的矛盾平衡提供了安全自由的方法,补偿了儿童在现实中难以实现的情感诉求,减少了儿童在现实中经历创伤性事件的痛苦;行为主义游戏理论继承了桑代克学习实质的基本观点,认为游戏为儿童创建了安全“试误”的学习环境,游戏的趣味性和体验性等满足了学习的准备率、练习率和效果率;斯金纳并没有直接研究游戏,但是他提出的强化学习理论被广泛应用到了当前游戏设计之中;班杜拉提出的社会学习理论则强调人的行为和环境的相互作用,依据该理论,假装游戏和角色扮演为游戏者创造了一个安全实践观察学习结果的情境,使观察学习容易发生,并强化了观察学习的行为结果,可以提高游戏者的自我效能感和内部动机水平,使游戏中的学习行为良性发展。皮亚杰在儿童认知发展理论中,从认知结构和发展阶段两方面,论证了游戏在儿童认知发展中的重要作用。他认为游戏不仅可以帮助儿童将新学的知识技能很好地内化,而且为儿童开始新的学习做好了准备,儿童的游戏发展阶段是与心理认知发展阶段相适应的。布鲁纳提出的认知发现学习理论非常强调学生学习的主动性和内在动机对学习的重要性,他认为游戏是一个充满快乐的问题解决过程。首先,游戏促使儿童自发地进行探索,调动了儿童的主动性;其次,游戏降低了儿童对结果的期望和对失败的畏惧,儿童沉浸在游戏的过程中,激发了内部动机;最后,游戏为儿童提供了在各种条件下大量尝试的机会,激活了儿童的思维,使游戏中知识的获得、转化以及评价过程得以实现。因此,布鲁纳建议在教学中加入游戏,来提高儿童学习的效果和效率。维果茨基基于文化历史理论的观点,认为游戏是决定儿童发展的主导活动,是一种有意识、有目的的社会实践活动。首先,游戏的本质是社会性的,它为儿童创造了现实生活以外的、以语言和工具为中介的、学习处理人与人基本社会关系的实践场所。其次,游戏的中介作用促成儿童心理机能从低向高发展。比如,象征性游戏让儿童实现了思维符号化和抽象化的过程。最后,因为儿童在游戏中的行为往往要略高于他的日常行为水平,这两者的差距形成了儿童的“最近发展区”,推动了儿童不断复杂的“内化”发展过程。维果茨基的游戏理论为当前幼儿园课程设计提供了理论指引,而且还极大推动了游戏活动在教育中的实践。萨顿·史密斯从行为、儿童发展和文化的不同视角对游戏进行了全面的研究,通过实证研究方法,对游戏与儿童创造力发展的关系进行了研究。结果表明,游戏确实能更好地发展儿童的有效回应能力、灵活的表征能力以及自控能力。概括而言,关于游戏的动机及其在认知发展方面的作用机制和影响的研究,为游戏化教学活动的实际开展提供了必要的理论基础。

## 网络时代的游戏定义

在网络与现实世界越来越交织密切的当下，游戏的定义是怎样的呢？有人提出，游戏是一个系统，学习者（玩家）在其中执着于抽象的任务，任务由规则、互动性和反馈界定，产出量化结果，并经常伴有情绪反应。表1-1呈现的是对网络时代的游戏定义解构。

表1-1 网络时代的游戏定义解构

| | |
|---|---|
| 系统 | 1. 游戏“空间”中，相互连接的一组元素形成系统<br>2. 得分与行为活动相联系，接下来的战略和棋子的移动有关<br>3. 系统层面，每个游戏的部分影响着游戏的其他部分，并与之形成统一整体<br>4. 得分与行动有关，而行动受规则制约 |
| 玩家 | 1. 游戏需要一个人与游戏内容或与其他人互动<br>2. 玩游戏的人就是玩家，也就是学习者<br>3. 游戏活动常常导致学习行为，而学习者（玩家）是教学游戏化的目标受众 |
| 抽象 | 1. 游戏无外乎都需要对现实做抽象，并在严格界定的“游戏空间”内进行<br>2. 游戏拥有现实情境中的部分元素或情景的本质特征，但不是复制品 |
| 挑战 | 1. 游戏挑战学习者（玩家）去获得那些并不能信手拈来的目标和成果<br>2. 如果挑战消失了，游戏也就变得枯燥 |
| 规则 | 1.游戏规则界定游戏<br>2. 受游戏环境的局限，它们规定游戏的顺序、胜出的状态以及何为“公平”何为“不公平” |
| 交互性 | 1.游戏需要交互<br>2. 交互发生在学习者（玩家）之间、学习者（玩家）与游戏内容之间 |
| 反馈 | 1. 游戏可以给学习者（玩家）反馈<br>2.游戏中的反馈通常非常迅速、直接和清晰 |
| 量化的结果 | 1.游戏中的获胜状态是无可争辩的<br>2. 量化使游戏可以与教学环境相匹配 |
| 情绪化反应 | 1.游戏特别能调动情绪<br>2. 从“胜利的兴奋”到“挫败的痛苦”，游戏可以让人体验丰富的情绪、情感<br>3. 完成游戏令人愉悦，但困惑、愤怒和悲伤也常伴随过程<br>4. 游戏超越了很多互动，能在众多层面触发激烈的情感体验 |

研究人员已经证明游戏对学习者（玩家）的心理诱惑主要取决于游戏激发学习者自主感、胜任感和关联情绪的能力，而且有证据表明当这种刺激发展到某种程度，游戏不仅能提高学习者的热情，还成为一种改善生理健康的体验。一项自我决

定理论与游戏过程的研究认定:游戏中的自主感和胜任感与游戏快乐感、喜好和健康状态的调整有关,而后者是游戏的结果。而且研究发现胜任感和自主感与游戏控制感及现场感(或沉浸感)这些游戏的直觉本质密切相关,后者是学习者在游戏体验中的感觉。认知评价理论提出凡是能助长个体的自主感和胜任感的事件和条件都能支援内生动机,凡是使自主感和胜任感降低的因素都会腐蚀内生动机。认知评价理论还指出,诸如获取新技能的机会和被适当挑战的机会都能增强胜任的感觉,相应地,也能激发内生动机。当一个人感觉与他人建立关系时,他(她)就经历了关联。用认知评价理论打造一款令人心潮澎湃的游戏,需要让学习者拥有自主感和对自身活动的控制感,在游戏空间履行职责衍生的胜任感,还有和其他人建立关系,联系人可能是现场的其他学习者或以前的学习者。

网络游戏在当今社会生活中越来越常见。十多年前,如果一个孩子长时间沉浸在网络游戏中,就很可能被认为是“网络成瘾”或“游戏成瘾”,是一种需要加以强制矫治的疾病。但现在,网络游戏已经成为一个巨大的合法产业,电子竞技也成为能够为国家带来荣誉的体育项目,电竞达人成为年轻人的新兴偶像。但沉溺于游戏,严重损害个体社会功能的网游行为依旧要积极地干预和改变。

在这样一个时代,游戏渗透在现实情境和网络世界里,几乎对所有人都产生着深刻的影响,因此,关注游戏的教育价值,利用游戏强健体魄、增进智力、愉悦身心的同时,促进道德的完善、知识的普及,推动文化的发展和文明的进步,也显得更为重要。

## 游戏化学习及相关模型

伴随着信息技术和建构主义学习理论的快速发展,教育游戏也越来越热。加拿大学者巴格利曾经分析了新媒体联盟2004—2012年期间发布的《地平线报告》,他说其中先后提出37项新技术,但是只有7项被后期的报告证实,其中“基于游戏的学习”排在第1位。王大平认为,游戏化学习就是在教学设计过程中就培养目标与发展、评价手段方面,就学习者心理特征与教学策略等方面借鉴游戏,设计、选择适当的发展工具、评价方法、教学策略。牛玉霞认为,游戏化教学是借鉴游戏的设疑、挑战、自主等理念,把教学目标隐蔽于游戏活动中,根据学习者的特征以及教学内容,采取相应的游戏化教学策略。从而使学习者在放松的状态下,从乐趣中获得知识、提高技能和陶冶情操。

吸引人的游戏首先要具有一定的挑战性。挑战性意味着有吸引力的目标加上不确定的结果。如果结果确定能达成或确定达成不了,那么游戏就没有挑战吸引力。制造结果不确定的途径有:不同的难度级别、层次化的目标、信息隐蔽和随机性。当然,挑战性也被学习者(玩家)的理解水平所左右,目标对个体必须具有某种含义,而且必须显而易见但又不能轻易获得。挑战过程中的进展反馈非常必要,在挑战中获得的知识可以帮助学习者(玩家)提升达成目标的能力,在完成挑战获得赋能之前,很多工作是无法完成的。挑战性的学习环境应提升学习者的自尊。其次,游戏要能够让学习者感知好奇。优化的信息复杂度和新颖性以及令人兴奋的学习环境会调动学习者的好奇心。修正高阶认知结构的预期会触发认知好奇。为了锁定学习者的好奇,反馈要出其不意和具有建设性。为了出其不意,可以采用无规律的做法,也可以让环境中隐藏一些东西,比如,马里奥游戏里的一些设计。更成熟的做法是随着时间的推移让信息和概念慢慢浮出水面。网络游戏往往很重视挑战性、过程阶段性反馈以及调动好奇心,而日常教育学习过程则需要加强这方面的设计。

考量激励学习者的方法之一是约翰·凯勒发明的四要素模型审视激励设想ARCS模型(见表1-2)。它是教学设计领域广为人知的模型,是设计电子化学习和常规可见的框架方法。模型中的ARCS分别代表注意、相关、信心和满意。该模型着力于教学设计,但其中很多元素可以被教学游戏化的应用所采纳,而且在基于游戏的学习中广泛应用,效果立竿见影。

**表1-2 ARCS模型**

| | |
|---|---|
| 注意 | 1. 引起学习者的关注是第一要务,有了关注,学习者才能对内容产生兴趣<br>2. 通过多种途径实现关注<br>3. 知觉唤醒是通过具体的相关案例,利用其中的不协调或冲突和令人瞠目的成分俘获人心<br>4. 激发探究是向学习者提出疑问或摆出需要他们解决的问题、进行角色扮演或提供动手实践的机会,以激发学习者的好奇心<br>5. 通过定时变换每天培训的方式保持学习者的注意力,这称为变式 |
| 相关 | 建立学习材料的相关性的方法:<br>1. 目标定向:通过描述目标对学习者现实未来的价值和实现目标的重要意义来引导学习者追求目标<br>2. 将教学动机与学习者个体动机进行匹配,在成就、冒险、权利和身份等不同层面寻找结合点<br>3. 熟悉:说明新知识与学习者现有知识如何关联<br>4. 树立习得新知、修得正果的样板 |

续表

| | |
|---|---|
| 信心 | 1. 学习者对成功的愿望<br>2. 如果学习者感到自己能学懂材料并有信心照着做,就会表现出更强的进取心<br>3. 帮助学习者找到信心的方式之一是在起步阶段清晰地阐述学习的要求和期望<br>4. 如果学习者能够准确地估计出需要投入学习的时间和精力,他们更可能落实行动;如果他们对获得成功的代价一无所知,他们就倾向于踟蹰不前<br>5. 学习者喜欢看到成功,所以要积小胜为大胜。实现阶段性目标并在教学中身体力行,挑战的难度层层递进<br>6. 当学习者相信自己对胜利掌控自如时,信心就建立起来了<br>7. 通过反馈和个体强化帮助学习者建立可控的感觉 |
| 满意 | 1. 学习者需要体会到学习的价值和持续投入的必要性<br>2. 为学习者创造一个真实或仿真的环境,在其中,他们可以应用所学知识和技能,并看到应用的过程<br>3. 努力挖掘学习者们的内生动机<br>4. 保证标准和衡量成功方法的前后一致,以维护公平的学习氛围 |

另一个着眼于激励学习者(玩家)的方法是斯坦福大学研究员马克·莱佩尔提出的围绕内生动机的教学设计理论,他提出了四条教学设计原则(见表1-3),用以推动内生动机而避免依赖外在激励技巧。

**表1-3 围绕内生动机的教学设计四原则**

| | |
|---|---|
| 控制 | 1. 让学习者拥有驾驭学习活动的感觉<br>2. 对学习活动何时开始和结束拥有话语权,允许学习者不受外在干扰做决定<br>3. 营造一个对学习活动的外在约束最小化的环境,并随时间推移减少现有的约束<br>4. 如果活动本身具有天然的内生性或源于兴趣,要禁用画蛇添足的外在奖励,且最低限度地使用外来压力<br>5. 如果活动缺乏原始的内生的兴趣,在一开始使用外在奖励是有益的,但要随时间逐步压缩这些奖励<br>6. 最佳做法是将外来的约束限制在学习活动中 |
| 挑战 | 1. 推出不断挑战学习者的学习活动<br>2. 活动设有目标但结果待定,并具有适中的难度<br>3. 及时提供完成度的反馈。尽可能提供多种目标或多层次目标以确保活动目标是适度的,而且学习者在教学过程中不断接受挑战 |
| 好奇 | 激发学习者的好奇心 |
| 情景化 | 1. 在功能仿真或幻想的情境中展开学习活动<br>2. 利用真实的背景和环境强化学习的实效性 |

## 教学操作中的游戏化运用

有些游戏从开始就注定一气呵成，没有中断；而另一些游戏由于太大不能做到在一个环节中一蹴而就，必须分成许多环节分别进行。有时，尽管游戏过程自始至终没有中断，但游戏需要重入以实现更多目标或获得更高的分数。每一段/次游戏过程可以认为是分段练习。在教学术语中称作分段练习、分散练习，它是一种把努力分布在众多小环节上，分开进行研究或学习的技术，每个环节都专注于各自的学习主题。与这一技术相对的是集中练习技术，即在一段较长时间内高强度学习，试图一次掌握所有内容。分段学习是久经考验且效果显著的，有利于长期记忆和获得持续和大量内容回顾。分段练习帮助学习者(玩家)长时间保持对记忆信息的接触，理想情况是学习事件的时间间隔大于24小时，短一点的时间间隔也是有效的。信息间隔可以延迟一段时间后通过引入重复资料实现，或通过把其他学习资料点缀到重复资料中实现。两次主题复述之间加大时间间隔会给学习者带来更好的记忆和学习效果。这种做法对所有类型的文字资料和运动技能效果卓著且持久，能在初始培训后8年内保持记忆犹新。比起时间更集中地练习，间隔练习的学习者表现出更好的记忆。分段练习规避了集中学习的两个固有问题。两个问题是：导致学习者疲惫和低效，以及加大了所学内容前后干扰的可能性。因此，比起集中练习，分散或分段的练习通常是更好的学习方式。为了资料的长期记忆和获取大部分价值，学习者要把训练沿时间分布而不是在一段时间内和盘托出。

教育操作中的游戏化运用，更多的是将学习练习的过程分段，就像很多游戏一样，即使有暂时的中断，学习者依然能保持着参与的兴趣，并且在每一次初始的投入中都保持更高的动机和热情，从而增益教育持续。

# 游戏化学习的价值

## 激发学习动机

教育从业者似乎都观察到一个现象，尽管教学条件越来越好，但是学生的学习动机似乎并没有与之正向匹配。如何激发学生的学习动机，是所有教育从业者都渴望了解的内容。

当人们因自身原因、享受快乐、获得学习机会或体验成就感而从事某种活动时，是内生动机在起作用。莘莘学子为自己的崇高理想而不是为外界的奖励而发奋读书是内生动机的表现。被内生动机激励的人更愿意关注各种现象，同时能细致入微地重视复杂、矛盾、新奇和意外的可能性，他们要独立自主地做出选择、收集和处理信息，欣赏完整的、完美的产品，触发深度的学习和创造性的成果。内生动机让人们享受行动的过程，而不只是结果。相反，外部动机让人们寻求获得与行为不直接相关的东西，可能是高分、老师或高管的表扬、证书、报酬、奖励或他人的赞美。有研究证明，游戏有助于激发学生的学习动机，尤其是内生动机。有学者对比研究叙事性学习(Story-based Learning，SBL)和游戏化学习(Game-based Learning，GBL)的效果。研究显示，95%的采用SBL的学生是为了获得高分或者完成老师布置的任务而学习，仅有34%的采用GBL的学生将此列为学习的原因，65%的学生提出他们学习仅仅是“想学”。不过，也有学者提出游戏激发的动机是否真的可以迁移到其他学习活动中呢？许多学者都曾经比较分析过游戏过程和学习过程，认为游戏过程很多时候就是问题解决过程，是探究过程，是协作过程，因此，游戏化有助于促进探究学习、自主学习、协作学习的开展，也有利于激发学习的内生动机。

## 激发有益行为

2003年左右，有人提出了游戏化的概念，2010年左右开始被广泛应用。所谓游戏化，表示将游戏或游戏元素、游戏设计和游戏理念应用到一些非游戏情境中。比如，身体缺乏锻炼是个日益严重的挑战，威胁着数以百万计的人，这并不是因为他们不懂或没有常识。相当多的人明白锻炼的必要性，被提问时能把体育锻炼的好处说得头头是道。遗憾的是这些知识并没有体现到他们的行动中。很多人不运动，甚至在多做运动的机会面前逃避。比如，尽可能乘坐电梯，哪怕走旁边的楼梯也很方便，还能有一定的锻炼功能。我们常常会看到这样的场景，许多人离开地铁时使用电梯而不是楼梯，即使电梯非常拥挤，需要长时间等待。

一个地方做了一个有趣的尝试。把地铁出口的楼梯变成了一组黑白钢琴键盘。当人们踏上楼梯时，每个台阶能发出不同的音符。钢琴台阶安装以后，改变发生了。人们开始被键盘吸引，在进出地铁时走楼梯、奏音乐。楼梯的使用率提升了66%。

这种游戏化的设计，将常见的生活内容变得更为有趣，激发了人们实施更多有益的行为。游戏能激发的并不只是表面上的休闲娱乐、逃避发泄等动机，也会激发出挑战、好奇、竞争等深层动机。游戏思维的核心就是不一定要拘泥于游戏的外在形式，更重要的是发挥其深层内在动机，在教学、管理的各个环节的活动中有机地融入游戏元素或游戏设计、游戏理念即可。

游戏的最高层次和最有意义的价值应该是游戏精神，强调学习者以对待游戏的精神和态度来对待学习过程和结果。游戏具有自由性和自愿性，所以，首先应该允许学习者自由地选择想学的内容。比如，对于大学生而言，虽然不能完全放任他们自由选择，但是应该允许他们尽可能根据自己的兴趣选择自己的专业和课程，逐步完成个性化的培养方案。其次，游戏是非实利性的，教育设计需要根据学习者的天赋和兴趣来进行。因为，现代的学习和游戏有很多不同，大多数游戏可以“想玩就玩，想停就停”，但学习显然不是。很多学习内容和过程确实是比较枯燥的，无论怎么设计，似乎也很难让学习者自由自愿地、充满愉悦地、不计升学和就业压力地全身心地投入学习。教育家索洛维契克相信人是可以学会满怀兴趣地去学习的，他认为人不要只做有兴趣的事情，而要有兴趣地去做一切必须做的事情。事实上，总是有一些学生能够满怀兴趣地去学习解析几何、数学分析等看起来很难、很枯燥的内容，尽管他们并不是一开始就对这些内容有兴趣，但是他们以游戏精神来激发内在的动力，去挑战困难的、枯燥的内容，感受着投入之后兴趣逐渐被激发出来的体验。培养这样的游戏精神也许会使更多的人能投入学习而不是逃避学习（这里的学习主要是指教学制度内的课程学习）。

## 本章小结

本章的主题是推开认识游戏的门。游戏有久远的历史，有丰富的理论，它既与历史文化交织，又随着时代不断变化，同时它也一直和教育、学习、成长关联在一起，迷人而复杂，学者们关注、钻研，但依旧不能窥见其全貌，而对更多人来说，游戏是我们的生活内容，我们并不一定要去了解很多关于游戏的知识，但我们总是容易被一些很像游戏的事情所吸引。也许对于有些人来说，进入游戏前还是需要一些勇气的，但一旦开始，游戏便能让我们放松，让我们可以在体验的过程中，收获更多。

本章想要做的无非是点燃更多一点对于游戏好奇的火花，希望读者带着游戏精神和自己的内生驱力，将探索之火形成燎原之势，更为主动地去体验游戏化学习（本书将在后续提供很多可供选用的游戏化学习内容），更深刻地体会它带给我们的愉悦与成长（请一定要记得最好有同行的伙伴）。后续的章节，我们将给大家推介一些跟章节主题词有关的游戏活动，主要是介绍如何去带领人们进行这样的游戏，但其实阅读本书的人一样可以作为体验者，甚至可以说，要先成为体验者，很多游戏活动可能每一次体验，跟不同的人一起体验，都会带来不同甚至差异很大的感受。所以，让我们一起来体验，一起学习吧！

# 第二章　在体验中学习

体验者说：

这门课是我上过的最独特的课程。

从一开始的破冰行动，我尴尬地找人搭讪；到最后的户外活动，我主动出击询问路人能不能帮我们拍照拍视频，我真切地体会到了我的成长。

还记得我画九宫格介绍自己的时候，画了一个羽毛球拍(画得很丑，同伴问我画的是不是苍蝇拍)。其实那时候我已经有三四年没有打过球了，但从那天回去以后，我真的鼓起勇气答应了一个朋友打球的邀请。逐渐习惯成自然，现在每个星期都至少要约着朋友打一次球。这也算是一种成长吧！

盲行天使就更有意思了，好像人蒙上了眼睛就会感觉所有人都看不到自己，更容易深刻地思考。我和我的同伴真的是聊了一路，我们也完全信任彼此。可能因为都是女生，所以肢体接触更加自然。如果是跟异性，只能拽住衣角的话恐怕就没这么信任了。我们聊的话题是生命的结束与开始。那时我十分讶异于自己的脱口而出，仿佛已经预演了很多遍。那时候才发现我几乎无时无刻不在思考，只是我本人似乎并没有意识到这一点。我一直把自己归类于“没心没肺”那一栏，但其实我的脑子好像并不这么觉得。

还有一个最有印象的活动就是外出解谜打卡。我们一整队人其实思考的速度很快，但是走路速度很慢……我们对一个题目可能会有不同的理解，但是很难全部都印证。我们这个组的组成真的很有意思，有竞争意识很强、走路也很快的(竟然都是女生)；也有完全无心比赛，只想在1958坐下来喝杯咖啡的(牙很白的同学)。果然，性别刻板印象不可取。但是竞争意识很强的同学，也会停下脚步来等我们靠近；无心比赛的同学也不会因为不会骑自行车而脱离大部队，他们跑步前进。

我们每个人的性格都不一样，但是都会为了团队而中和、牺牲，我很喜欢我们团队的氛围。有趣的活动还有很多。

线上的聊天讲故事和线下的数字城堡手指托杆，我都在这些过程当中收获了快乐，也收获了一些思考。这些思考应该会在我接下来的人生当中慢慢消化。

这是一门课程期末的学习心得。我们可以看到，在课程中学习者体验了很多不同的活动，有不少思考，也产生了一些变化。很多人都说自己不太善于或者怯于与陌生人接触与沟通，有的爱好常常因为各种原因束之高阁，忙于生活琐事不太关注精神领域，容易因为刻板印象造成对别人不准确的认识。人们都知道这些需要改变，改变会带来更多的成长，但如何去实现改变，是寻找一本充满技巧的书籍，还是通过不停地反思，一般来说如果不能落实到行动，人们即便发现到自己的困境也不能很好地改善。但通过体验式学习，有很多人发现与陌生人接触和沟通并没有想象得那么困难和尴尬，有些爱好的坚持可能只需要鼓起勇气，自己也常常有深入的思考，只是没有机会表达和沉淀，而共同的体验过程也许会修正我们不准确的刻板印象。所以，当我们说，教育融于体验的时候，可能更强调如何通过实践亲身经历，去完成教育的任务和达成目标。

## 体验与学习

中国人常说“纸上得来终觉浅，绝知此事要躬行”，亲身体验让我们感受到现实，并在大脑记忆中留下深刻印象，让我们可以时常回想，在其中获得的经验和能力也可以迁移到后续生活中相关的方面。这种体验未必都是积极愉快的，当我们回想某事时常会表达给他人说，“虽然是一次痛苦的经历，但实际上也是一次很好的学习体验。”就算是痛苦的体验，当其中的情绪渐渐被接纳平复后，学习的结果也就自然显现。这里的学习不仅仅指狭义上的校园里的学习，虽然在教师的指导下，有目的、有计划、有组织、有系统地进行的，较短时间内接受前人所积累的科学文化知识、技能，以此掌握知识、技能和学习策略，发展问题解决能力和创造力，以及培养道德品质和健康心理，非常重要，且也都与体验相关；但广义的学习意味着人在生活过程中凭借经验产生的行为，或行为潜能的相对持久的变化。通过学习，我们的行为会发生某种变化，而且这种变化是相对持久的，由反复经验引起，也有些学习不会在当前行为中体现出来，但会影响人们对事物的态度和价值观。我国著名心理学家潘菽认为，人的学习是“在社会实践中，以语言为中介，自觉地、积极主动地掌握社会和个体经验的过程”。

## 知行合一

约翰·杜威说，“体验是个人与环境之间的互动，体验本身就包含了先前体验所积累的知识。”因此，体验不仅仅与当下有关，还将我们的过去和未来结合起来。帕克·巴默尔说，“深入而持续的体验对我们的影响最大，在我们自己的身体和意识中留下了持久的烙印”。通过转换式体验，我们不仅学到了更多东西，而且学会了从不同人物的角度看待事物。《神经元研究的进步：教育者如何使用大脑？》一书中描述，“大脑中黑暗、无声的头骨里被封闭和保护着，依赖自身的感觉系统和运动系统才能与外界联系。我们的感觉系统和运动系统原本的作用在于增强生存能力，但有意识的大脑也利用这些系统来接触和探索文化兴趣和抽象娱乐——闻闻花香、欣赏日落、听到雷声感到激动、进行比赛等”。也有人说，扩展神经系统的主要作用在于将自身与体验关联起来。因此，也可以说，学习来自体验。大脑会积累大量信息，并在需要时调用信息。大脑的执行功能依赖记忆和过往经历找出目前体验的意义。《寻求理解：建构主义课堂教学案例》一书中对建构主义原则解释如下：“我们每个人认识自己的世界，都需要将新体验整合到我们先前理解的事物中……要么按照现有的一套规则来解释和编排我们的世界，要么设定一套新规则来更好地解释我们感知的事物。无论使用哪种方式，我们的感知和规则都在不断演绎着一场盛大的舞会，不断改变着我们的理解。”学习意味着更多强调找出信息的意义，而不是信息的单纯积累。

有学者提出，学习是迭代式的。像库伯提出的体验式学习法模型那样，人们在循环重复的过程中学会识别、记忆和使用各种模式，让这些模式发挥作用并对其进行改进和回顾，人类学习逐渐进入了高效能的循环。大脑中充满了自我纠正机制，例如，大脑能识别危险，提出多个视角，同时运用几种感觉并检查行动的效果。大脑会自行进行检查和复查。一些建构主义学者认为，我们遇到新体验时，如果这些体验或多或少符合我们先前的理解，那么我们会“吸收”这些体验；如果我们需要改变我们的理解，那么我们会“调节”这些体验；如果两套新解释不相符，那么我们会区分开“整合”这些体验。皮亚杰将这个根据体验调整理解的过程称作“动态平衡”。因此，学习是一个连续的过程，没有终点。体验不断，学习不断。

## 体验式学习

约翰·杜威期待学习中自然、实时的体验。怀特海表达了对惰性知识的深度忧虑，并将其描述为“只记在心里而不加以利用、检验或进行重新组合的知识。”他还说，“教育的主题只有一个，即各种教育表现形式的生命。”杜威和怀特海或许称得上是体验式学习法的哲学先驱。

并不是所有体验都转化为知识。原始体验怎样才能具有教育作用呢？大卫·库伯在勒温、杜威和皮亚杰早期研究的基础上提出了一种体验式学习的循环模型。

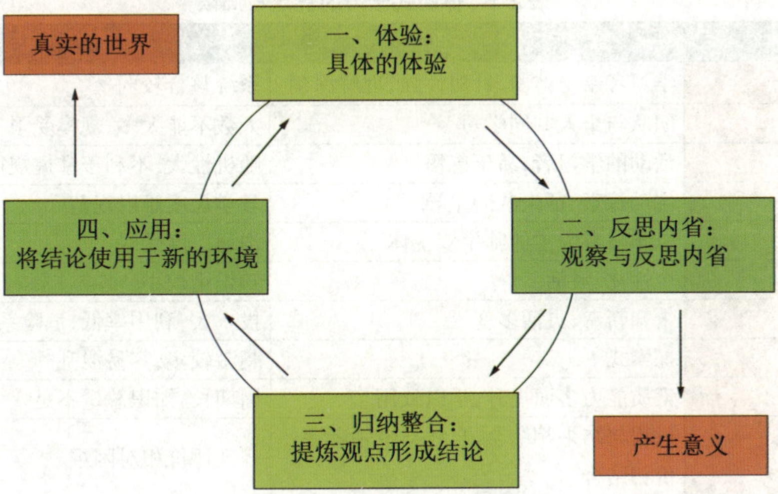


**Kolb 四阶段体验式学习圈**

库伯认为，学习始于具体体验。当学习者沉浸于具有教育作用的体验时，会开始反思体验的意义；随着思考的深入，学习者会在其体验的基础上形成抽象概念；抽象概念产生后，学习者必须加以检验，了解其运作方式，这种检验是通过主动应用过程进行的，这个过程必然会使学习者重新回归具体体验。在库伯看来，概念并不是思想中固定不变的要素，而是通过体验形成并重组的。理解是在概念与体验互动的基础上一种连续不断的建构过程。如果一个人不能根据体验改变概念和习惯,那么这个人的适应能力可能比较差。因此,人们必须经过体验、反思内省、归纳整合(形成概念)和应用(检验)的连续循环,最终重新回归具体体验。

体验式学习有以下四个主要特质:① 学习者对于正在发生的学习及过程是察觉的;② 学习者是投入于省思的体验中,并且联结当下的学习到过去、现在和未来;③ 哪些体验和内容是独具个人意义的:学到了什么,如何学到的,有什么特别的重要性;④ 过程牵涉到完整的自己——身体、想法、感觉和行动,不是只关乎心智,换句话说,学习者是整个人全然投入的。

通过运用体验式学习法,学习者能够:① 形成对组织、社区和文化总体宏观结构的认识;② 在不熟悉的情境中,找出问题和机会;③ 将过往学到的知识运用于新的情境;④ 针对问题和机会即兴提出新的现场解决方案;⑤ 检验从实践中形成的新想法;⑥ 认识自己的文化身份及其对他人身份的影响、与他人身份的互动;⑦ 从多感官、跨学科和跨文化的角度认识不熟悉的情境;⑧ 形成更全面的观察力和反思性思维模式;⑨ 对言语和非言语沟通的新模式进行试验;⑩ 通过重新思考自己惯有的回应和态度,检验替代方法,以培养适应能力。

**表2-1 体验式学习的优点与局限**

| | 优　点 | 局　限 |
|---|---|---|
| 学习重点 | 学习者亲身体验,针对性强,理解深刻 | 系统整合较弱 |
| 学习形式 | 团队与个人共同学习 | 人数不能太多,规模受限 |
| 学习者角色 | 活动的学习者,易于感悟 | 随机性大,不利于掌握规律 |
| 学习方式 | 主动探索,师生共同主导 | 教学尺度难以规范 |
| 学习主体 | 以学习者为主的师生双主体 | 沟通广度受限 |
| 学习特点 | 个性化、灵活 | 知识量较小 |
| 学习环境 | 未知新奇,灵活多变 | 投入大,利用率低,危险系数高 |
| 学习过程 | 探索式 | 刺激较多,容易混乱 |
| 学习效果 | 素质能力多面提升,学以致用 | 周期长,知识总量不足 |
| 学习评价 | 过程与结果相结合、自评与带领者评价相结合 | 客观评价相对困难 |

## 体验式学习中带领者作用

体验式学习中,带领者(教师)起到什么作用呢?核心的作用就是帮助学习者(学生)对体验进行反思,大致可以分为三个阶段:目前状况、理想状况和前进之路。

(1) 目前状况

带领者可以让学习者描述自身的体验并对其作出初步评价。带领者提供一个安全的情境，让学习者表达感知和感受。如果学习者过于沉浸于自身的体验，没有多少见解，或者不愿公开谈论自身的体验，带领者可表示自己偶尔也会这样，通过技巧性探究、提示和提问激发学习者（在充满支持的氛围下）更深入地反思自身的体验。

伊根认为可以质疑学习者“自我挫败的心态、失调行为以及思想与行动不一致”等问题。其他的还包括“曲解、逃避、赌博、耍花招、找借口和掩饰。”当然，质疑需要在充满支持和认可的总体环境下进行，此外同理心、带领者适当的自我表露和少量的幽默通常能够让质疑取得更好的效果。关键目标是发现盲区，“即我们未能发现或选择忽略的事物，这些盲区让我们无法发现和处理问题状况，或无法识别和创造机会。”

一旦描述、了解了体验并提出了质疑，带领者就应努力帮助学习者确定最重要的事项、开始解决子问题，并发现问题中需加以改善的方面。

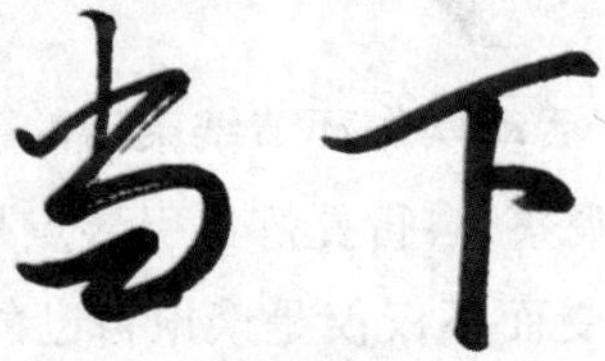


(2) 理想状况

要想成功地处理体验中遇到的问题和错失的机会，带领者与学习者就必须努力对未来状况进行描述。这种情境有哪些可能的发展路径？反思过程的这个阶段要以解决方案为重点，包含了设定目标、发现改善未来状况的可能性，并以设计改善的日程表和承诺作为行动的触发条件。

(3) 前进之路

在这个阶段，重点转移到实施上。如果我们知道自己在这种体验中处于什么位置，而且我们很清楚希望达到什么目标，那么我们怎样才能达到这个目标？带领者会提出以下问题，从而以伙伴的身份协助制定行动策略：你有没有考虑过……？万一……怎么办？你需要做的是……？谁能帮助你……？这些讨论旨在制定达成目标的具体策略及选择适合个人状况、资源、个性和偏好的策略，使之成为可行的方案。

结构化的反思过程将纯粹的体验转换为学习。大多数情况下，大脑能以最擅长的方式处理体验，但有时也需要熟练的助手给予一点建议。通过反思过程激发学习者参与切合实际和思考自身的体验、将感受和观点写下来、提出理想的情境并将计划付诸行动。体验式学习不会松散或模糊，而是充满挑战、具有严格要求的。经验丰富的带领者会迅速制止习惯性的抱怨，而且会提供机会，让胆怯者发现并培养自己未能发挥出的潜能。

在体验式学习的活动中，活动操作环节结束后的引导分享是非常重要的环节。带领者基于活动目标和过程观察，自行提炼出引导点是为最佳，但引导的重点还是让学习者能关注到自己的感受而不仅仅是谈论自己的观点，让学习者发现自己在自我探索上可能存在的阻碍，鼓励学习者慢慢深入，不着急，让学习者从游戏体验的当下进入到更日常更宽阔的生活视域，让游戏学习的收获能够与生活关联，完成体验式学习圈的循环联结。

## 体验式学习效果的评价

体验式学习法的基础是通过反思、认识从体验中找出意义，所以能体现个人发展的评价方法都非常适合这种学习方法。

日记、博客、书面或录像文字、摄影展、数字化叙事专题和演示文稿都能帮助学习者阐明和揭露他们做体验中的收获，如同本章开篇的“体验者说”。

使用这种学习方法时，带领者应当密切考察形成性目标（过程目标）及其总结性目标（产出目标），以保证其评价手段与目标匹配。体验式学习法的大部分成果都是以过程为重点的，因此总结性评价变得很难甚至不相关。形成性和总结性目的相混可能会给学习者造成困惑。如果采用日记或讨论等方法对目的进行评价，那么学习者就不大可能自由分享自己的想法、意见和观察结果。为了解决这个问题,很多带领者只对这类任务的完成情况进行评价,并在此过程中给予大量反馈以保证学习不间断。

日记和博客是与体验式学习法互补的常用手段,可以证明学习者从结构化体验中获得的知识和发展。一些学习者善于完成开放式的日记任务,但很多学习者(尤其是本科生)需要获得关于日记目的和目标的指导才能认真对待任务。

评价量表也可以用来帮助学习者确定反思的方向。评价量表可以关注持续时间和数量等辅助问题,也能为批判性思考的某些方面提供指导,例如,检验新观点、将观察结果与文章或理论关联起来,或者建立新的沟通模式。

## 本章小结

本章的主题是在体验中学习。生活中,常见一些阅历丰富的人能够做出很多成熟的应对,他们似乎演练过。当我们感叹和敬佩时,也会想如何能够拥有同样的能力,比如,很清楚自己想要的目标,很了解自己的长处与劣势,很自如地和不同的人进行沟通,很有效地将自己内心所思所想传递给外部世界,很善于与他人合作,等等。但对于我们很多人来说,人生未必能去亲身经历那么多事件,而且有些事件的过程并不见得那么让人舒适,所以有时找到合适的模拟情境,在这样的情境中体验相对比较安全,也容易跳出这个情境,这种模拟还可以增加我们的体验和反思,进而对生活产生更多积极的影响。

本章想要做的就是推动读者有更多一点体验的动力,那体验什么呢?本书在后续内容里将提供的关于自我探索、人际沟通、团队合作等活动,读者可以作为参与活动的体验者,也可以手持本书成为组织和实施活动的带领者。让我们在体验中,共同学习,携手成长!

从下一章开始,每章将会出现两个板块,即活动区和知识区。它们都为章节主题词服务,就像自助餐一样,可以根据自己的喜好进行自主选择阅读。其中活动区主要以带领者视角展开,从带领者思绪开篇,在活动实际操作部分会描述活动的预设目标、场地要求、活动道具、参与人数、体验时长、操作步骤(包含讲解说明和引导总结两块),让读者可以了解,带领者如何从活动的设计、组织、实施流程来推动学习者体验活动,并引导思考与分享,引导学习者反思目前状况、理想状况和前进之路。

# 第三章　从“我”开始的探索

我想要成为什么样的人？

我认为自己是怎样的人？

我有什么特点？有什么优点？有什么不足？

我在别人眼中又是怎样的？

过去的我是怎样的？

我对未来的自己有怎样的期待？

……

对于每个人来说，这些想法可能闪现过，也可能还没来得及深入地思考，又或者很多人会觉得这些问题太难给出答案。那是当然，因为这些思考同样也是千百年来哲学家、思想家们尝试寻求答案的问题，这些问题涉及所有人类，并且都是关于“自我”的问题。虽然答案很难一次就明确，但不断地自我探索却是非常值得进行的事情。通过体验式游戏化学习过程，我们可以尝试更多去回答和明晰关于“我”的问题。

# 活动区

## 活动1:如果我是

### 带领者思绪

小时候,我们看见飞鸟,就会问爸爸妈妈:“如果我是一只鸟,我是不是也可以在天空自由飞翔?”长大以后,当人们渴望飞翔、渴望自由的时候,也常常会说:“如果我是一只鸟,会不会更快乐?”

我们会给很多事物贴上类人的标签,或者用它们来比喻某一些人,以表达我们对于某些美好特点的向往。有些人很擅长用比喻或者借代的手法来表达自己,用更加形象的感受,让“我”变得多元立体,也变得容易被理解和感受。

### 活动实际操作

#### 1. 预设目标

※ 通过借代和类比来呈现自身的特点和价值偏好。

※ 鼓励自我袒露,从而更多认识自己和他人。

#### 2. 场地要求

※ 室内为宜。

※ 桌椅最好可以移动,只有带活动写字板的椅子最佳。

#### 3. 活动道具

※ 原则上只需要纸笔即可。

※ 带领者需要先提前印制好工作纸。

#### 4. 参与人数

※ 一般要按照场地容量和带领者数量合理安排总人数。

※ 如仅有一位带领者,总人数不超过40人为宜,且需要分成若干小组。

※ 小组人数8~12人最佳。

※ 多个小组同时进行,需一位总带领者,且每组配有一位辅助带领者为宜。

### 5. 体验时长

※ 总时长60~90分钟。

※ 带领者告知操作须知并发放工作纸5分钟。

※ 自行填写时间15分钟。

※ 组内交流20~30分钟。

※ 带领者引导分享并提供观察反馈20~40分钟。

### 6. 操作步骤(带领者)

每人先自行在“如果我是”工作纸(如表3-1所示)上填写内容,填写过程中不与他人交流。

**表3-1 如果我是①**

| 如果我是 | 我希望是 | 因为 |
| --- | --- | --- |
| 一朵花 | | |
| 一棵树 | | |
| 一只鸟 | | |
| 一种颜色 | | |
| 一件乐器 | | |
| 一件家具 | | |
| 一种食物 | | |
| 一只昆虫 | | |
| 一所学校 | | |
| 一个游戏 | | |
| 一项纪录 | | |
| 一部影片 | | |

① 带领者可以根据活动目标自由调整工作纸中第一列的内容。

带领者确认每个人都独立地完成了工作纸填写后，让同一个小组的学习者围坐在一起，就工作纸上的内容进行分享，方式可以多样。例如，带领者可以建议每次以一条内容为出发点，组内每个人轮流分享自己所写，全部的学习者分享完毕后，可以就他人所写的这条内容给出自己的回应（回应是表达自己的感受，但不对他人所写内容进行倾向性评价），也可以小组内先共同讨论一个分享规则，然后依据这个规则在规定时间内进行分享。如果学习者对他人工作纸上的内容感到好奇，可以追问，但每个人都可以选择明确的回答或直接不回答提问。

确认小组都清楚组内分享流程后，开始计时，并告知分享环节结束时间。

组内分享进行中，带领者需要认真观察每个人的表达和反应，但不参与分享表达。如果不止一个小组，那么每个小组都配有一位辅助带领者（或助教）才更能更好地保障观察的效果。

组内分享时间结束时，带领者需要及时地提醒，并以一种柔和的态度来要求大家停下来，组织全体分享，可以有一些引导性提问，让学习者反思活动过程，以及把视野放大到实际生活去思考，并进行整体性的观察反馈以及具有一定升华的总结。如果有多个小组，但只有一位带领者，那么带领者可以建议每个小组推荐代表进行突出感受的分享，同样可以组织全体学习者扩展视野到生活来思考，并给出观察反馈与升华总结；如果每个小组都有辅助带领者（助教）则可以把观察反馈的任务交给辅助带领者（助教），让学习者获得更为细致的反馈。

最后的引导分享是非常重要的环节。带领者基于活动目标和过程观察，自行提炼出引导点是为最佳，但引导的重点还是让学习者能关注到自己的感受而不仅仅是谈论自己的观点，让学习者发现自己在自我探索上可能存在的阻碍，但鼓励学习者慢慢深入，不着急，让学习者从游戏体验的当下进入到更日常更宽阔的生活视域，让游戏学习的收获能够与生活关联，完成体验式学习圈的循环联结。

引导分享的问题样例如下：

- 在做“如果我是”的过程中，你有什么感受？
- 什么内容让你感受最强烈？
- 完成的过程中哪些内容对你比较困难？
- 把活动的体验与我们的现实生活关联起来，你又会想到什么？
- 你对自己有了什么新的认识？

## 活动2:20句我是谁

### 带领者思绪

如果你问一个幼儿园的小朋友“你是谁”,他/她可能会告诉你“我是小兔理查德”,当你一头雾水地困惑时,他/她可能会补充道“我是一个讲话声音很大、跑步很快、很有力气的小兔,我姐姐说我很好动,应该送去月球流浪。但是我觉得我还需要长得更高一些。”

最后,虽然你一直不知道他/她的姓名,但是你却能够在回家的路上愉快地跟朋友提起,说今天遇到了一个小男孩,他说自己声音很大、跑步很快、很有力气,看起来很自信,就像你小时候一样。

当我们只是告诉别人姓名时,别人并不太能知道我们究竟是怎样的。那么如果别人希望更多地了解我们,我们又会如何去描述自己呢?我们会像这个“小兔理查德”一样自信、快乐、大方、勇敢,还是迟疑、困惑呢?

### 活动实际操作

#### 1. 预设目标

※ 从身体、情绪、才智、社会关系等方面进行自我解析。

※ 通过自我解析更多地认识自己。

※ 通过交流感受人与人之间的相似与差异。

#### 2. 场地要求

※ 室内为宜。

※ 桌椅最好可以移动,只有带活动写字板的椅子最佳。

#### 3. 活动道具

※ 原则上只需要纸笔即可。

※ 带领者最好为学习者准备好统一的纸张(彩色或黑白A4纸均可)。

#### 4. 参与人数

※ 一般要按照场地容量和带领者数量合理安排总人数。

※ 如仅有一位带领者,总人数不超过60人为宜。

※ 本活动可以分组进行也可以全体进行。

※ 小组人数8～12人最佳。

### 5. 体验时长

※ 总时长60～90分钟。

※ 带领者告知操作须知并发放纸张5分钟。

※ 自行填写时间20分钟。

※ 组内交流或轮流发言15～25分钟。

※ 带领者引导分享并提供观察反馈20～40分钟。

### 6. 带领者操作须知

首先，让学习者20分钟内在纸上写出20个句子，它们都能从不同角度描述学习者是一个怎样的人。尽量写出能突出反映个人特点的语句。句型结构是固定的：“我是一个____________________________的人。”

对自我的描述，可以包括但不限于身体状况（体貌特征，如年龄、身高、体形、头发浓密程度、牙齿黑白情况等）；情绪状况（常表现出的情绪情感，如乐观开朗、烦恼沮丧等）；才智状况（智力、能力情况，如聪明、灵活、迟钝、能干等）；社会关系状况（与他人的关系，如何与他人互动，对他人常持有的态度原则等，如乐于助人的、爱交朋友的、坦诚的、孤僻的等）。

告知学习者写的时候可以想到什么就写什么，不用受到前面的范围建议的限制。写完后再归类。

在撰写过程中，带领者可以走到学习者身边去看一看内容和进展。对进展缓慢的学习者可以给予鼓励，建议不要太过于纠结，想到什么就写什么。

待到时间结束，请学习者回顾自己所写内容，如果描述是积极的、肯定的，就在这句话前面标记加号（＋）；如果是消极的、否定的描述，就标记减号（－）。如果加号总数超过减号，那么一定程度说明自我接纳较多；相反如果减号较多，则可能意味着对自我的不太满意较多。

邀请学习者分享。可以自由选择分享内容。如果分组，则可以在小组内先进行简单分享，再合并成全体（每组抽取几名学习者）分享。

引导分享的问题样例如下：

- 让我们来听一下大家都写了什么？有请……！
- 写出20句自我描述，对你来说有难度吗？如果有，是什么样的难度呢？
- 在撰写的过程中有什么感受？
- 还有没有你想到了但是没有写上去的内容呢？
- 如果对自我的描述消极和否定的部分比较多，你觉得可能是什么原因？
- 你对自己有了什么新的认识？

# 活动3:个人盾牌

## 带领者思绪

成长的经历塑造了我们,曾经的成功体验会带给我们自信,快乐的时光记忆让我们感到温暖,对自己的期待和未来的憧憬是我们行动的内生动力,重要的生活事件和重要的他人给予我们无穷的力量。做一面个人盾牌,将我们的力量展现出来,它保护我们,也激励我们。

## 活动实际操作

### 1. 预设目标

※ 强化个人对自己独特之处的接纳。

※ 树立“我之所以为我”的积极态度。

### 2. 场地要求

※ 室内为宜。

※ 桌椅最好可以移动,只有带活动写字板的椅子最佳。

### 3. 活动道具

※ 原则上只需要纸笔即可,彩笔更佳。

※ 带领者最好为学习者准备好统一的海报纸(尺寸至少为60 cm×80 cm)。

### 4. 参与人数

※ 一般要按照场地容量和带领者数量合理安排总人数。

※ 如仅有一位带领者,总人数不超过60人为宜。

※ 本活动可以分组进行也可以全体进行。

※ 小组人数8～12人最佳。

※ 多个小组同时进行,需一位总带领者,且每组配有一位辅助带领者为宜。

### 5. 体验时长

※ 总时长90分钟。

※ 带领者告知操作须知并发放纸张或盾牌原始材料5分钟。

※ 制作盾牌时间30分钟。

※ 展示、浏览及交流时间25分钟。

※ 带领者引导分享并提供观察反馈30分钟。

### 6. 带领者操作须知

让学习者根据表3-2“个人盾牌呈现内容”，制作自己的个人盾牌，最好使用图画，可以适当使用文字，在盾牌上按照自己的喜好安排位置与顺序。

**表3-2　个人盾牌呈现内容**

| |
|---|
| 画出你出生到十岁中最重要的一件事 |
| 画出十岁到现在最重要的一件事 |
| 画出你以前最成功的事项 |
| 画出你过去最快乐的时刻 |
| 画出你的一项专长 |
| 画出你想要加强的技能 |
| 列出你最欣赏自己的2～3项特点 |
| 你生命中最重要的人物(2～3人) |
| 你记得童年最开心的一个经历是…… |
| 在你学习或生活中最有满足感的一个经历是…… |
| 你希望将来是什么样子？ |
| 如果你一向无往不胜，但目前只有一年可活，你将会做什么？ |
| 50年后，你从空中眺望此处，你的感受是……，最想对谁说…… |
| 200年后，你希望别人怎样评价你？ |

个人盾牌

个人盾牌制作过程中，带领者可以到每个学习者身边观察进展和了解一些内容，进行过程观察。如果有人绘画能力确实相对较弱，可以允许多使用一些文字。

在获得许可的情况下，让学习者将个人盾牌粘贴在活动场地的墙面上，让每个人的盾牌都完整的展示出来，也可以允许将其中一部分用贴纸盖上。

让学习者用认真的态度去浏览每一个个人盾牌，并将自己的感受记录下来。

浏览时间结束后，组织学习者分享。可以分组进行，也可以从全体学习者中抽取部分人进行分享。在人数较少的情况下，最好让每一个学习者都可以表达自己的观察、体会与感受。

引导分享的问题样例如下：

- 在浏览的时候，你印象深刻的内容有哪些？
- 在制作的时候，在什么问题上你思考的时间比较长？
- 完成了个人盾牌的感受是什么？
- 还有没有其他特别想要补充的问题答案？
- 你对自己有了什么新的认识？

## 活动4:他人眼中的我

### 带领者思绪

如果有时候突然感到沮丧,认为自己不够聪明、不够漂亮、不够帅、不够能干等,请去跟父母、信赖的师长和重要的朋友聊聊,听听他们对我们的评价,然后再去看看自己眼中的我遇到了什么困境,也许会让我们热血重燃,振奋起来。

### 活动实际操作

#### 1. 预设目标

※ 了解来自于他人的反馈,加深对自我的全方位认知。

※ 比较自知与他人认知的区别,体会认知的差异。

#### 2. 场地要求

※ 室内为宜。

※ 桌椅最好可以移动,只有带活动写字板的椅子最佳。

#### 3. 活动道具

※ 原则上只需要纸笔即可。

※ 带领者需要先提前印制好工作纸。

#### 4. 参与人数

※ 一般要按照场地容量和带领者数量合理安排总人数。

※ 如仅有一位带领者,总人数不超过40人为宜。

※ 本活动可以分组进行也可以全体进行。

※ 小组人数8~12人最佳。

#### 5. 体验时长

※ 总时长60~90分钟。

※ 带领者告知操作须知并发放纸张5分钟。

※ 填写时间5~10分钟。

※ 交流时间30~40分钟。

※ 带领者引导分享并提供观察反馈20~30分钟。

### 6. 带领者操作须知

请学习者将提前从重要他人(父母、非常了解自己的师长及其他自己认为非常重要的人)那里收集到的信息(包括对学习者的看法、评语及任何难忘的正面和负面经历)以及自我认知填写到工作纸对应区域,工作纸样例见表3-3。

表3-3　他人眼中的我

| 父亲 | 母亲 | 一位师长 |
|---|---|---|
| | | |
| 一位重要他人 | 一位重要他人 | 自己 |
| | | |

本活动前期搜集信息任务布置前,要了解学习者是否父母健全且方便与对方联络获得信息,可以根据学习者的情况对工作纸进行调整。或允许学习者在某些空格处因特殊理由不填写。

在填写结束后,组织学习者分享。可以分组进行,也可以从全体学习者中抽取部分人进行分享。在人数较少的情况下,最好让每一个学习者都可以表达自己的观察、体会与感受。允许学习者选择自己愿意分享的内容,可以不用全部分享。

引导分享的问题样例如下:

- 在收集信息的时候,你印象深刻的内容有哪些?
- 他人对你的认知和你的自我认知有哪些不同?
- 你觉得这种认知差异可能的原因是什么?
- 你对自己有了什么新的认识?

## 活动5:高台演讲

### 带领者思绪

如果你看过一部叫《春风化雨》的电影,或许你会对老师鼓励学生们站在讲台上去看感觉新奇和差异，也许你也会在这位老师最终不得不离开他的学生时，一些学生站上讲桌目送他感到热血沸腾。站在不同的高度，从过去、现在和未来，阐述我们自己的生活，聆听他人的表达，也许会有意想不到的收获。

## 活动实际操作

### 1. 预设目标

※ 从时间角度来更多地思考和认识自己。

※ 推动对生涯发展的思考。

### 2. 场地要求

※ 室内外均可。

※ 可以没有桌椅。

### 3. 活动道具

※ 需要安全的高台道具(厚重的大桌或专门的高台)，高度在1～1.5米为宜。

※ 可以协助学习者登上高台的活动梯子。

### 4. 参与人数

※ 一般要按照场地容量、活动道具和带领者数量合理安排总人数。

※ 一位带领者对应一个活动道具，对应学习者总人数不超过20人为宜。

※ 本活动在一个组内为全体轮流进行

### 5. 体验时长

※ 总时长约120分钟，人均约6～10分钟。

※ 带领者告知操作须知5分钟。

※ 每个学习者高台演讲3分钟，加上台、下台及来回走动间隙时间人均1分钟。

※ 带领者引导分享并提供观察反馈20～30分钟。

### 6. 带领者操作须知

告知每个学习者需要轮流站到高台上，作一个简单的演讲，主题是“我的过去、现在和未来”。演讲限时3分钟。1分钟讲过去，1分钟讲现在，1分钟讲未来。

在每个学习者站好后，演讲计时开始，2分45秒时将提示剩余时间“15秒”，3分钟时提示“时间到”。无论是否讲完，都需要终止演讲。

告知学习者上下高台，必须注意安全，不能跳跃。他人演讲时，全体学习者认真聆听，演讲完毕，全体以掌声回应。

全体演讲结束后，组织学习者围坐，首先进行观察反馈，再引导分享。

观察反馈样例如下：

• 有些人站在高台，面带微笑，高谈阔论，毫无惧色；

• 有些人稍显紧张，或头望蓝天或眼盯大地，总之，无法与台下的人做眼神的互动交流；

• 有些人只有过去，过去比较长；

• 有些人容易跟随前人的思路，前面的人提及的，也在自己的生活里找一找，说点相近的内容；

• 有些人的演讲引人入胜，有些人的演讲稍显枯燥。

引导分享的问题样例如下：

• 站上高台，你的感受是怎样的？

• 听到时间提示时，你的感受是怎样的？

• 听到掌声时，你的感受又如何？

• 讲到过去，还有哪些浮上心头却没有被你表达出来？

• 谈到现在，哪些让你感觉有意义有价值或者有吸引力？

• 畅想未来，可有梦想，可有计划，可有信心？

• 把握时间，对每个人来说，是否也值得多多练习？

## 知识区

### 自我概念的含义和结构

自我代表着一个人如何对待自己、对待他人、对待世界的独特方式，从某个角度可以说自我是每个人心理活动的核心，每时每刻都在影响着人们的行为方式。了解自我、关爱自我、乐于调整自我、善于规划自我、勇于挑战自我的人，更有坚实的心理基础，成就美好的人生。

在古汉语中没有“自我概念”这个词，甚至“自我”一词也可以理解是来源于西方文化的名词。因此，本章所提及的相关概念都是基于现代西方心理学内容。但中华优秀传统文化中也有很多对个人如何自我要求，如何为人处世的优秀思想，中国人非常强调“修身齐家治国平天下”，在我们的文化中，自我通常要与外部世界与集体主义有密切的关联。现代西方心理学领域中有两个词被译成中文的“自我”。一个词英文是“self”。威廉·詹姆斯认为，自我由主观、客观两个方面构成，表示主观的“我”(I)，即对自己身心活动的觉察者，表示客观的“我”(me)，即被觉察到的我。主观的我可以理解为以纯主观的形式，连续不断地组织和解释经验、人、物和事件，比如，平时我们描述自己的时候会说，“我是一个勤奋的人”“很多人喜欢和我交朋友”“我将来要成为一名医生”“我身体素质不太好，经常生病”等，这些都是主体的我对自己身心活动的觉察。米德认为主体我代表每个人的自然特性，而客体我接收着主体我的命令与态度，使自我符合社会的要求；而作为主体我则随时随地根据社会规则实现对客体我的调节。卡尔·R·罗杰斯认为，自我概念是个人现象场中与个人自身有关的内容，是个人自我知觉的组织系统和看待自身的方式。对于一个人个性与行为具有重要意义的是自我概念，而不是其真实自我；自我概念不仅控制并综合着个人对于环境知觉的意义，而且高度决定着个人对于环境的行为反应。另一个词英文是“ego”。弗洛伊德在其精神分析理论中认为自我是人的个性中从本我(id)分化出来，指导个人适应现实社会生活，使个人行为超越简单快乐原则而遵循现实原则的个性部分。这个自我，不只有觉察个人自我需要的作用，而且还具有意识环境要求协调本我与超我关系的功能。它还直接与无意识的心理活动相联系。当它不能同时协调本我与超我的相互冲突的要求时，就会发展起各种自我防御机制来解除压力，使机体免遭损害。班杜拉指出自我效能是对自己在特定情景下是否有能力操作行为的预期,并进一步把预期分为结果预期和效能预期。它还影响着人们的思维模式和情感的反应模式,以及人际交往和人格的建构。埃里克·埃里克森认为青年期的发展课题是自我同一性的确立。从上学到逐渐长大的过程中,人们开始形成同一性,即对我是谁,我存在的意义是什么,我要完成什么样的使命的界定。

不同学者对于自我概念的内涵看法具有一定的差异,有学者尝试做了整合性的概念:人对自己以及自己与周围环境关系的认识,包括对自己存在的认识,以及对个体身体、心理、社会特征等方面的认识。这种认识是个体通过自我观察、分析外部活动及情境、社会比较等多种途径获得的,自我概念不是个别的心理机能,而是一个完整的多维度、多层次的心理系统。

自我概念的结构是自我认知、自我体验和自我调控三个方面:① 自我认知是对自己身心特征的认识,描述可见“我是一个什么样的人”“我为什么是这样的人”等,它包括自我感觉、自我观察、自我印象、自我分析等。在自我认知层面上还包含现实自我与理想自我的冲突。比如,青年的理想自我一般都较完美且高于现实自我,在实际学习生活中容易出现对现实自我的不满,从而表现出自卑甚至自暴自弃。一个人正确认知并评价自己是一个复杂的过程,除了认知因素外,动机、需要、期望等心理因素也参与其中。如果一个人只看到自己的缺点,长期徘徊在失败的阴影中,很容易失去自信心,从而导致自卑心理的产生。相反,如果一个人一直以自我为中心、盲目乐观、刚愎自用,则会阻碍良好人际关系的形成,容易在社会交往中受挫。② 自我体验属于情绪范畴,它以情绪体验的形式表现出人对自己的态度,描述可见“我很喜欢自己”“我满意自己”“我讨厌自己”等。在心理学研究中,自尊、自信、自负、自我满足、自我欣赏、自我贬低等都是深受关注的典型的自我体验。自尊是自我体验最主要的一个方面,是指尊重自己的人格和荣誉,维护自我尊严的情感体验。在传统的教育中,对自我体验的重视与强化尚有不足。有时,同样的事件发生后,自我的体验和他人的体验可能会截然不同。③ 自我调控主要表现为人的意志行为,它监督、调节人的行为活动,调节、控制对自己的态度和对他人的态度,自我控制包括两个方面:一是激发作用,即命令或激励自己从事某些活动;二是抑制作用,即审时度势地控制自己的言行。描述可见“我怎样节制自己”“我如何改变自己”“我如何成为理想的那种人”。心理学研究表明:自我调控与大脑额叶的发展紧密相关。当我们生理正常时,自我认知与自我体验决定了自我调控,人都能通过主观能动性,选择认识角度,转变认知观念,调整自我认知评价体系,感受积极自我。有的人自控能力很差,晚上该睡觉的时候想再上网看看新闻,本打算只看半个小时,但东瞧瞧、西瞅瞅转眼就凌晨两点了,从而睡眠不足影响第二天的工作学习。

此外，有力的自我控制能力对个体良好人际关系的形成和维系、情绪反应、问题解决等均有重要作用。从认知到调控的过程并非一蹴而就，"知"与"行"之间常有距离。有较高自我调控能力的人更容易获得成功。但并非所有的自我调控都有积极结果，有的人对自己的要求非常高，自我控制能力强，而在实际中因为主观或客观原因没有能够达到目标时，容易对自我产生怀疑与否定。

自我概念的内容可以包括生理自我、社会自我与心理自我。① 生理自我是个体对自己的身体、健康状况、外貌、性别等方面的感觉。积极的生理自我包括有认为自己身体健康，对自己的外貌满意，少感到自己不舒服，喜欢保持整洁大方，会照顾自己的身体等。它可以说是自我概念的最初形态，是一个人在与他人交往的过程中通过学习而逐渐形成的。通过生理自我，我们就把"自我"和"非我"区别开来，意识到自己的生存是依托于躯体的。生理自我与生俱来，需要接受它而不能轻易改变。② 社会自我表示个体与他人交往中的价值感及胜任感。积极的社会自我包括待人亲切友善，受到别人欢迎，对自己的社会能力感到满意，对自己待人方式感到满意，和陌生人说话不会觉得困难，尽量去了解别人对事物的看法，和别人相处得很好。如果一个人认为周围的人不喜欢自己，不接纳自己，找不到知心朋友，就会感到很孤独、寂寞。③ 心理自我表示个体对其个人价值及能力等的评价。积极的心理自我包括了感觉自己有能力，经常心情愉快、心情平静、不忧不愁，对现在的情形感到满意，在任何情况下都能照顾自己，敢于面对难题，对待问题时首先经过深思熟虑，遭遇到困难时都能轻而易举解决。如果一个人对自己的心理自我评价低，嫌自己能力差、智商不高、情绪起伏太大、自制力差，就会否定自己。生理自我、社会自我与心理自我是密切联系、相互影响的，它们都包含着不同的自我认知、自我体验与自我控制，但由于比例和搭配的不同，构成了个体对个体自我意识之间的差异。也使得每个人都有自己的对人、对己、对社会的独特的看法和体验。

下面我们把对生理自我、社会自我与心理自我的自我认知、体验和调控整合在表3-4里，或许可以帮助更好地认识自我。

**表3-4 生理自我、社会自我与心理自我的自我认知、体验和调控**

| | 自我认知 | 自我体验 | 自我调控 |
|---|---|---|---|
| 生理自我 | 对自己身体、外貌、衣着、风度、家属、所有物等的认识 | 英俊、漂亮、有吸引力、迷人、自我悦纳 | 追求身体的外表、物质欲望的满足，维持家庭的利益等 |
| 社会自我 | 对自己的名望、地位、角色、性别、义务、责任、力量等的认识 | 自尊、自信、自爱、自豪、自卑、自怜、自恋 | 追求名誉地位，与他人竞争，争取得到他人的好感等 |

续表

| | 自我认知 | 自我体验 | 自我调控 |
|---|---|---|---|
| 心理自我 | 对自己的智力、性格、气质、兴趣、能力、记忆、思维等特点的认识 | 有能力、聪明、优雅、敏感、迟钝、感情丰富、细腻 | 追求信仰，注意行为符合社会规范，要求智慧与能力的发展等 |

## 自我概念的形成与发展

有学者将自我发展最初形成的时期称为自我中心期。这个时候，个体以自己的想法解释外部世界，并且把自己的想法和情感投射到外界事物上去，行为以自我为中心，也是我们常说的，仿佛整个世界都是他的。比如，婴儿刚出生时，不能区分自己的东西与不是自己的东西，甚至对自己的手、脚与周围的玩具视为同样性质的东西并加以摆弄，他们甚至会抓伤自己。自我概念最原始的形态是生理自我，即个体对自己身躯的认识。出生两三个月的婴儿会对人笑，说明婴儿与外界环境有了接触，发生了相互作用；10个月大的婴儿会主动看着镜子里的人想要和他/她玩，但还不知道镜子里面的形象就是自己；1岁7个月左右，当婴儿听到别人呼唤自己的名字时，知道是在叫自己，而且能把自己的动作和动作对象区别开来，当手里拿着玩具时，他不再把玩具当成自己身体的一部分；到2岁左右，开始逐渐学会用代词"我"来代表自己；2岁2个月左右，能确认自己的照片或镜子里的形象，能够使用"你"字与人互动；3岁左右的儿童，自我概念有了新的发展，出现了羞耻感与疑虑感。此时的儿童还会出现占有欲和嫉妒感，看到自己喜欢的东西，想独自占有，不愿与人共享，如果母亲或者自己很亲近的人对其他小孩表现出关心和喜欢，也会产生嫉妒感。使用第一人称"我"的频率提高，许多事情都要求"我自己来"，开始有了自立的要求。

从3岁到青春期前，个体在家庭、幼儿园、学校中游戏、学习、劳动，通过模仿、认同、练习等方式，逐渐形成各种角色观念，如性别角色、家庭角色、伙伴角色、学习者角色等。这一时期个体增强了社会意识，认识到自己是社会的一员，也尽量使自己的行为符合社会的标准，是获得社会自我的时期，也称为客观化时期。儿童游戏是成人社会生活的反映（如办"家家酒"等）。儿童在游戏活动中扮演某个社会角色的同时也在学习该角色的行为方式，并揣摩各种社会角色间的相互关系，产生种种情绪体验，对社会自我的发展具有重大作用。在学校中逐步社会化是建立自我概念的重要阶段。学校与家庭的不同在于，在单个家庭中往往以孩子为中心，而学校则关心全体学习者,使学习者认识自己在团体中的地位,认识到自身是群体中的一员,不能像家庭中那样“唯我独尊”,同时,学习者在学校要接受一定的社会义务与责任,学习知识技能,遵守道德规范,在受教育过程中的奖惩情况对学习者成就动机的发展与自我实现的要求影响很大。这些都深刻地影响着自我概念的发展。青春期以前,个体的眼光是向外的,引起个体兴趣和注意的是外部世界,对自己的内心世界有点视而不见的倾向,容易把自己的情绪视为伴随行为产生的东西,不善于运用自己的眼光去认识世界,大多照搬成人的观点作为自己对外部世界的认识。

从青春期到成年的10年时间,个体在生理、情绪、思考能力等方面都发生着急剧变化,个体的自我概念趋于成熟,也趋向主观性,称为主观化时期,并逐步获得了心理自我。个体运用自己的观点来认识和评价事物,思想和行为带有浓厚的个人色彩,自我概念成为个体认识外部世界的中介因素。个体会强调某些事物的重要性,形成特有的价值体系,指导自己的言行举止,提高自己的社会地位,追求生活目标,实现与价值观相一致的理想自我。在与他人交往过程中,个体大多很在意他人对自己的评价,希望引起别人的注意,常常会根据他人对本人的反应和评价而产生一定的自我观念。这时的个体不再像以前那样容易满足,开始对自己不满意,甚至希望改变自己的外貌、性格等。在这个时期,个体逐渐从成人的保护、管制下独立出来,表现出自我概念的主动性与独立性,强调自我的价值与理想,这是自我概念发展的最后阶段。这时个体能够透过自我概念去认识外部世界,而这样的自我概念过程将伴随个体的一生。

也有学者提出,自我的产生是群体内部相互作用的结果,并把自我形成和发展过程分为三个阶段:① 准备阶段的自我是原始的,不能运用符号的自我,其主要特点是无意识地模仿他人,对符号和意义缺乏理解。刚刚出生的婴儿还没有掌握语言符号,没有办法用符号与其他人进行人际交往活动;② 模仿阶段的儿童学会了语言,并且学会从对方的角度来看待自己。在一定的时期内儿童只能模仿某一个重要他人,比如,母亲或者老师等,不会作情境的转换;③ 扮演阶段的个体能够把自己扮演为某个角色,并且能够综合几个“重要他人”的角度来看待自己,并使社会群体的规范、态度、价值、目标内化于个体,形成自我,使自己所扮演的社会角色被社会认可和接受。这种观点认为自我是社会的产物,不是生来就有的,而是在社会活动过程中产生的。社会通过语言符号相互作用来塑造个体、影响个体“自我”的发展,使个体成为符合社会要求的社会角色。

发展心理学家埃里克·埃里克森认为人的自我概念发展持续一生,他把自我概念的形成和发展过程划分为八个阶段,认为这八个阶段的顺序由遗传决定,但是每个阶段能否顺利度过却是由环境决定的。

(1) 婴儿期的核心心理冲突:基本信任和不信任的冲突。这个时期从出生到18个月左右,主要发展任务是满足生理上的需要,获得基本信任感,克服基本不信任感,体验着希望的实现。婴儿从生理需要的满足中,体验着身体的康宁,感到安全,于是对其周围环境和人产生了一种基本信任感;反之,婴儿如果得不到周围人们的关心和照顾,就会对外界尤其是对周围的人产生害怕与怀疑的心理,产生了不信任感,也会影响到下一个时期的顺利发展。

(2) 幼儿期的核心心理冲突:自主与害羞和怀疑的冲突。这个时期从18个月到3岁左右,主要发展任务是获得自主感而避免怀疑感与羞耻感,体验着意志的实现。除了养成适宜的大小便习惯外,幼儿已不满足于停留在狭窄的空间之内,而渴望着探索新的世界,有独立自主的要求,比如,要求自己吃饭、走路、拿玩具,甚至自己穿衣服等。这一时期发展任务的解决,影响个人今后对社会组织和社会理想的态度。如果在接受一定程度的照顾下,可以独立自主地做力所能及的事情,并且在完成后获得成人的赞扬,就能促进儿童的意志力的养成,获得自主感;相反,如果成人过分爱护,经常以包办的形式来处理一些事情,或过分严厉,稍有差错就予以斥责或体罚,就可能会引发儿童的自我怀疑和羞耻感。

(3) 学前期的核心心理冲突:主动与内疚的冲突。这个时期从3岁到6岁左右,又称为游戏期,主要发展任务是获得主动感和克服内疚感,体验目的的实现。个体在这个阶段的肌肉运动和言语能力发展很快,还能把自己的活动扩展到超出家庭的范围。这个时期,如果成人给予孩子更多机会去自由参加各种活动,对孩子的好奇心以及探索行为予以鼓励,孩子就会表现出很大的积极性和进取心;相反如果成人的态度是否定和压制的,会让孩子认为自己的游戏不好,提出的问题笨拙,自己被讨厌,致使他们产生内疚感与失败感,从而影响到下一时期的发展。个人未来在社会中所能取得的工作上、经济上的成就,都与儿童在本时期主动性发展的程度有关。

(4) 学龄期的核心心理冲突:勤奋与自卑的冲突。这个时期从6岁到12岁左右,主要发展任务是获得勤奋感而克服自卑感,体验着能力的实现。学龄期儿童的社会活动范围扩大了,儿童依赖重心已由家庭转移到学校以及学校以外的社会。这时对他们影响最大的已经不是父母,而是同伴或邻居,尤其是学校中的老师。许多人将来对学习和工作的态度和习惯都可溯源于本阶段的勤奋感。

(5) 青春期核心心理冲突:自我同一性和角色混乱的冲突。这个时期从12岁到18岁左右,主要发展任务是建立同一感和防止同一感混乱。青少年对周围世界有了新的观察和新的思考方法,常考虑自己到底是怎样一个人,从别人对自己的态度中,从自己扮演的各种社会角色中逐渐认清自己。个体努力从对父母的依赖关系中解脱出来，与同伴们建立亲密的友谊，从而进一步认识自己，也认识自己与他人在外表上和性格上的相同与差别，认识现实的自我与理想的自我之间的关系。同一感可以帮助青少年了解自我以及自我与各种人、事、物的关系，以便能够顺利地进入成年期。自我同一性的建立和以前发展阶段所建立起来的信任感、自主感以及主动感有直接的关系。如果前期各阶段的发展任务顺利完成，自我同一性就容易建立，反之，则容易产生同一性的混乱。

(6) 成年早期的核心心理冲突：亲密与孤独的冲突。这个时期从18岁到25岁左右（就当下来看，这个时期也可能从18岁到35岁左右），主要发展任务是获得亲密感以避免孤独感，体验着爱情的实现。青年男女已具备能力并自愿准备着去分担相互信任、工作调节、生儿育女和文化娱乐等生活，以期最充分且满意地进入社会。亲密的社会意义是个人能与他人同甘共苦、相互关怀。这时，需要在自我同一性的巩固基础上获得共享的同一性，才能导致美满的婚姻而得到亲密感，但由于寻找配偶包含着偶然因素，所以也孕育着害怕独身生活的孤独之感。发展亲密感对是否能满意地进入社会有重要作用。

(7) 成年中期的核心心理冲突：生育与自我关注的冲突。这个时期从25岁到65岁左右（这个时期也可能从35岁到65岁），主要发展任务是获得繁殖感而避免停滞感，体验着关怀的实现。男女建立家庭，他们的兴趣扩展到下一代。这里的繁殖不仅指个人的生殖力，主要是指关心建立和指导下一代成长的需要，因此，有人即使没有自己的孩子，也能达到一种繁殖感。缺乏这种体验人会倒退到一种假亲密的需要，沉浸于自己的天地之中，只一心专注自己而产生停滞之感。

(8) 成年晚期的核心心理冲突：自我调整与绝望期的冲突。这个时期大约从65岁直至死亡，又称为老年期，主要发展任务是获得完善感和避免失望和厌倦感，体验着智慧的实现。人生在此时进入到最后阶段，如果回顾一生自觉一辈子过得很有价值，生活得很有意义，则产生一种完善感，伸延到自己的生命周期以外，与新的一代的生命周期融合而为一体的感觉。一个人达不到这一感觉，就不免恐惧死亡，觉得人生短促，对人生感到厌倦和失望。

总的来说，自我概念的形成与发展是贯穿于我们的成长过程，婴幼儿和青少年期因为生理的发展与变化也很明显，所以心理的变化与发展也会显得更为明显，而成年后尤其是很多人工作成家之后，自我概念的发展与变化就不像之前阶段那么明显，但只要持续地与环境互动，自我概念持续变化的可能就始终存在。

在个体与他人和社会环境互动的过程中，与自我概念发展有关的信息来源主要有四个方面：① 他人的反馈。当被他人告知要更多一些勇气，更多一些主动性，更加勤奋一些时，可能会从反馈中获得“自己也许有些怯懦，不够主动，不够勤奋”

的认知。尤其是如果身边的重要他人或者许多人都给出类似的反馈时，人就会相信这种看法是正确的，从而确定自己是这样的人。研究指出当一个人总是遭受否定评价时，可能会产生“习得性无助”。感受到对环境失去控制，不能从环境中逃脱出来，进而放弃了脱离环境的努力。比如，有的人会沮丧地说：“不论我如何努力，也无法成为受大家欢迎的人。”因此，当他人给出的是否定性评价时，更需要积极面对和调整，并且积极沟通以获得更多的有效建议和肯定评价，从而来增加更为积极的自我概念；② 反射性评价。有学者认为，个体感知自己就像别人感知我们一样，镜子中的我或别人眼中的我就是我们感知的对象，我们常常依据别人如何对待我们来了解自己，这一过程称之为反射性评价。比如，有一个大学生给自己信任的中学老师写信道：“我感到非常孤独，同宿舍的同学不喜欢我，因为我经常回到宿舍时听到他们在里面热烈地交谈，而我一进入宿舍，谈话就会中断。他们对我总是显示出冷淡，我不知道自己做错了什么，得不到大家的接纳和认同。这让我很痛苦。我曾经想过，是不是因为我的家境略好些，或者我太用功学习，或是我哪里做得不好，我一直主动地想与他们相处好，也做过努力，主动和他们交谈或者请他们一起出去玩，但是没用。以前我一直是非常受同学欢迎的，可是现在的我不知道该如何做。”这种与他人交往过程中感受到的“反射性评价”对自我概念的形成也起着重要作用。他人的这种状态值得更加深入地剖析，并采取更有效的措施去调整；③ 自己的行为。在内部线索微弱或模糊的情况下，人们常常依据外在行为来推断自己的特征如性格、态度、品质、爱好等。譬如，当一个人将自己的很大一部分储蓄捐给了急需要帮助的人，他内心也会认为自己是一个高尚的人，因为这样的行为可以为我们提供明确的线索来评价自我。但在大多数情况下，人们常常依据内部线索了解自己，如自身的想法、内在的情绪，而且比外显行为更准确，因为行为易受外在压力的影响，也容易伪装，比如，有些大额捐献的行为也可能与舆论或者其他利益的相关；④ 社会比较。在缺乏明确标准时，人们常常和自己相似的人做比较。社会比较为人们提供了认识自我、了解自我和发展自我的重要标尺。通过社会比较可以促进自我的进一步优化。当然，自我比较并不总是向着积极的方向，当个体的目的与动机不同时，采用的社会比较策略也不相同。自我比较又分为向上比较、向下比较与相似比较。自我成就动机强的人更倾向于向上比较，向着那些比自己更加成功的人比较，促使自己更加成功；而自我保护与自我美化的动机会促使与那些不如自己走运的人相比；当然更多的还是会选择与自己相似的人做比较。通过比较发现不足积极改善，可以获得更好的发展，但是也有可能导致对自我的不满。因此，比较只是前提，之后的面对和积极发展才是自我概念发展更重要的方面。

## 自我概念的完善途径

自我概念对人的心理健康起着很重要的作用,它制约着人格的形成发展,在人格的优化中发挥着强大的动力功能。健全的自我概念同样是心理健康的重要标准,在成才发展中发挥着重要作用。自我概念健全的人,是既知道自己的优势,也知道自己的劣势,能正确评价自我和自我发展的;是自我认知、自我体验和自我控制相协调一致的;是积极自我肯定的、独立的并与外界保持一致的;是理想自我与现实自我统一的人,有积极的目标意识和内省意识,积极进取、永无止境。以下的自我概念的完善途径仅供参考。

(1) 建立正确的自我认知。自我反省和积极交往、适度地与他人比较和参照实践成果均有助于建立正确的自我认知。中国古人云:“吾日三省吾身”。自我反省是与自我的内心对话,关注自己的心理活动,剖析自己的心理感受,体验自己的心理评价。保持平静沉着的良好心境和状态最有利于客观地反省。一个人要想全面客观地认识自我,还必须积极地进行社会交往,在交往中充分表现自我,发现自己的优点和不足,使自我的各个方面得以呈现。一个缺乏社交能力、孤芳自赏的人是无法全面客观地认识自我。从他人对自己的态度中得到反馈信息,从而认识和评价自我。人们总是要在与他人的相互交往中不断深化对自己的认识,也接受他人对自己的评价。

合理的比较策略对形成积极的自我概念有重要意义。比较需要适度和客观,因此选择合适的参照系很关键。第一,跟别人比较的是行动前的条件,还是行为后的结果?第二,跟人比较是看相对标准还是绝对标准?是可变的标准还是不可变的标准?经常有人认为自己不如他人。为什么会有这种心态?因为他们更多关注的可能是身材、家庭原有背景等暂时无法改变的条件,这些对于自我发展来说,缺乏实际比较的意义。第三,比较的对象是什么人?是与自己条件类似的人,还是个人心目中的偶像或极不如自己的人?如果总是与各方面优于自己的人做比较,或者拿自己的弱点与他人的长处比较,自然会出现问题。因此,确立合理的参照体系和立足点对自我的认识尤为重要。

学习与社会实践成果的价值有时直接标志着自身的价值。通过解决问题、不断提高各项绩效、扩大自己的影响以及积极创造实践项目的成果,都可以促进增加生活阅历,在实践中使自己的天赋与才能得以发挥,借助学习与社会实践成果认识和评价自我,能对自我有更客观、精准的认识和评价。全面而正确的自我认知是培养健全的自我概念的基础。自我认知是从多方位建立的,既有自己的认识与评价,也有他人的评价。我们不妨自己认真仔细地想一想,用尽量多的形容词描述自己。

然后再根据父母眼中的我、同学眼中的我、老师眼中的我、恋人眼中的我、兄弟姐妹眼中的我，来寻找自我和他人描述中共同的品质，将其归类。你描述的维度越多，越容易找到比较正确的自我。

(2) 获取积极的情感体验。积极的情感体验可以激发人奋起向上，争取实现自我。获取积极的情感体验很重要的一点是能够积极悦纳自我。每个人都知道“自我”很重要，可总有些人，他们可以喜欢朋友、喜欢知识、喜欢自然，却不愿意喜欢自己。虽然有朋友，学习好，可是不快乐。实际上悦纳自我是发展健全自我的核心和关键。悦纳自我，首先就是要无条件地接受自己的一切，好的和坏的，成功的和失败的，接纳自己的缺点和限制，欣赏自己的优点；其次要喜欢自己、肯定自己的价值，对自己有价值感、自豪感、愉快感和满足感；再次要接纳自己的不完善和失败，接纳自己的不完善也是自信的表现，也是完善自我的起点，因为每个人在外表、身材、能力、个性方面都有一定的限制，对过去的错失不必耿耿于怀，要勇于大胆尝试；最后，珍惜自己的独特性，建立实际的目标，不对自己有过高的要求，扩大社交圈子，不为讨好他人而去做事，积极思想，善用时间，不断学习，定期反省个人的自我成长，多对自己的成就做出鼓励和奖赏。当然，悦纳自我不代表忽视自己的缺点和弱点，不代表无限制地包容自我而不在乎他人，要避免与自我为中心混为一谈。

(3) 积极的自我提升。合理定位理想自我，树立适中的奋斗目标，提高自我监控能力，提高自我效能感都非常重要。自我效能感决定个体的动机水平，它反映在行动的努力程度和面对困难时行动坚持时间的长短上。一个人的自我效能感越强，行动努力和坚持的程度就越强，就越能面对挑战，获得行为操作上的成功。自我效能感较高的人，倾向于选择中等难度、中等挑战性的任务，即使自己接受了挑战，又确保自己能够成功；而自我效能感较低的人，要么选择极难的任务以避免将失败归为自身能力不足，要么选择极简单的任务以确保自己不会失败。那些相信自己有较强解决问题能力的个体在一些复杂的决策问题情境中能进行有效的分析和思考，而那些对自我效能产生怀疑的个体则不能。自我效能感也影响个体对预期情境的建构，自我效能感强的人把成功情境看成对其行动的积极指导，自我效能感弱的人则倾向于失败的情境建构，过分考虑失败事件，从而减弱他的行为水平。提高自我效能感，可以通过增加对成功的体验、增加替代性经验、语言说服和调节情绪和生活状态来进行。自我效能感作为个体对自己与环境发生相互作用的效能的主观判断，不是凭空做出的，而是以个体多次亲身经历某一同类工作而获得的直接经验为依据的。这是获得自我效能感最为重要的途径，并且也是对个体已形成的自我效能感进行验证的基本途径。多次的失败会降低个体的自我效能感，多次成功的体验则会提高个体的自我效能感。因此，我们在日常学习、工作、生活中，应选择符合自己实际能力的问题和任务，努力地完成，从而持续体验成功的感觉，增强自我效能感。通过观察能力水平相当者的活动，获得对自己能力的一种间接评估。尽管替代性经验是一种间接经验，但它使观察者相信，当自己处于类似的活动情境时，也能获得同样的成就水平。通过他人的指导、建议、解释及鼓励等，来改变自我效能感。当总能获得外界的关心和支持时，自我效能感就会增强。在面对非常重要且困难的挑战时，应有意识地采用一些放松策略，如呼吸放松、冥想放松等，让自己平静下来，从而更客观地评价自己的能力，避免自我效能感的降低。积极提升自我的另一条途径是克服自我阻碍。我们经常会有这样的感觉：体验对自己能力程度的焦虑带来的不安全感，这便是一种自我阻碍。一个渴望自我发展的人必须主动克服自我阻碍，进行积极的自我提升与自我尝试。在积极的自我在尝试中会发现自己的新的支点。

## 本章小结

无论是先进行活动体验还是先阅读知识，这些都只是敲开“认识自我”之门的第一步，充满好奇，主动地探索，认真记录，认识会不断增长，自我概念也会日益明晰。

# 第四章　沟通让我们认识更多

你是谁?

你从哪里来?

你喜欢什么?

你害怕什么?

你会有和我一样的看法吗?

我可以无条件的信任你吗?

……

对于每个人来说,人际沟通都是很重要的。但依旧有很多人会感觉到在人际沟通中存在各种各样的困难。和陌生人要如何开始人际沟通,感觉到窘迫紧张的时候该怎么办,怎么才能冲破陌生的“冰”?如果彼此认识了,又要如何开展深入地沟通?谈论什么话题别人会比较容易接纳,不觉得被冒犯?如何表达自己的情绪,如何理解他人的情绪?我们可能需要通过更为放松的过程体验人际沟通,从而获得对自我、对他人、对关系、对情绪情感更多的感受与认识,缓解人际沟通压力感,提高人际沟通舒适感,最终达到能力和素养的提升。

# 活动区

## 活动1:我是谁

### 带领者思路

姓名对于每个人来说是有着特殊意义的。这个代号虽然几乎不由我们自己决定,但是如果我们听到一个类似的发音,还是会因为它深深印刻在我们的脑海而迅速地关联到自己。

家乡对于每个人来说也是不由自己决定的,有些人很热爱家乡,有些人会吐槽家乡的一些不美好的地方,但是最终我们还是对生养我们的故土怀着深深的感情。

爱好带给我们愉悦。为什么这些会成为我们的爱好,很难去找到确定的原因,但是如果被人问我爱好是什么,我至少能说出一样的时候,生活也似乎跟着洒上愉悦的色彩。

所以,去告诉别人吧,让别人记住我们;去记住别人吧,让更多人知道他。人与人最初的沟通其实真的很容易。

### 活动实际操作

#### 1. 预设目标

※ 促进陌生人之间迅速破冰。

※ 体会展开人际沟通并不困难。

※ 了解认真地记住来自他人的信息是沟通的重要起点。

#### 2. 场地要求

※ 室内外均可。

※ 室内场地如有桌椅最好可以移动,只有椅子就足矣。

※ 户外场地最好是来往人群较少的专门活动区域。

#### 3. 活动道具

※ 无须道具。

### 4. 参与人数

※ 一般要按照场地容量和带领者数量合理安排总人数。

※ 如仅有一位带领者，总人数不超过60人为宜。

※ 本活动必须分组进行。

※ 小组人数10～15人最佳。

※ 多个小组同时进行，有一位总带领者，且每组配有一位辅助带领者为宜。

### 5. 体验时长

※ 总时长90分钟。

※ 带领者告知操作须知及演示5～10分钟。

※ 学习者体验第一阶段15～20分钟；体验第二阶段10～15分钟。

※ 团队内分享交流10～20分钟。

※ 带领者引导分享并提供观察反馈30分钟。

### 6. 操作步骤(带领者)

#### 第一阶段：讲解说明和学习者体验

讲解说明时，带领者可以即时邀请两名学习者进行操作演示。在演示中，带领者首先说明自己也是学习者的团队成员，在团队内主动寻觅交流对象，与第一个交流对象交换身份信息后，再与第二位交流对象展开交流。(操作演示有助于学习者更精准地了解项目操作细节。)

**讲解说明：**

在队伍中自由寻找交流对象。

相遇——握手——微笑，交流彼此姓名、家乡、兴趣爱好三项信息(也可以使用其他关键词)。交流完毕后，务必要说“很高兴认识你”。此时，你们彼此的身份信息交换。

接着，带着对方传递过来的身份信息继续寻找下一位交流对象。

尽量与团队中所有学习者握手交流，并完成每一次的信息交换。

时间截止时，务必记住自己最后的身份信息。

全队围成一圈进行本项目第二环阶段互动。

特别要求：不允许使用纸笔、智能手机等类似工具。全部过程需要充分动用记忆力和专注力。

#### 第二阶段：引导分享

如果带领者只面对一支队伍(14人以内)，则可以自行进行引导；如同时有几支队伍，则可以要求大家统一听带领者口令，或在每支队伍中随机选择一名临时带领者(或活动前安排好带领助手)，给予其以下讲解说明的书面版，由其引导队伍进行第二阶段。在第二阶段中，每个主题进行完毕后，再进入下一个主题。

（1）团队内分享：

“现在的我，是谁”：请每个人将自己最后的身份信息报出。其他人只需要认真听，不纠错不反馈。

“原版纠错”：每个人最后身份信息报完后，有些学习者的信息可能被报错，“原版”可以纠正报错的信息。

“谁不见了”：核对有没有人身份信息“丢失”，没有被报出。请这些学习者将自己的身份信息再报一遍。

“出镜率高的感受”：请身份信息出现频率高的人反馈内心感受。

“每个人的感受”：请每个学习者都表达一下自己。

（2）总体分享切入点及引导问题：

**引导发现情绪感受**

- 刚刚的过程你感觉愉快吗？
- 当你握住对方的手时，会紧张吗？还是发现其实并没有想象中那么紧张？
- 你可以描述一下自己过程中的情绪变化吗？

**反馈观察结果**

带领者在学习者体验活动过程中，需要仔细观察学习者的现场表现。当学习者积极投身于体验式学习中的细节被清晰反馈时，会提升他们的收获感。可以反馈一些细节，比如，参与者表情、动作的变化，握手时不同人的轻重程度，忘记了信息时大家的反应等。

**倡导链接生活**

“我是谁”活动并不是要训练学习者的记忆力，在很短时间内立刻记住很多人的信息本来就非常困难。它主要是能够让我们发现，人际互动并不难，甚至是一件轻松、愉快且有趣的事情。

但不要仅仅在课堂上来进行这些互动。课堂的活动是创设体验促进反思的过程，学习之后更多地在生活中去实践，才能有真正的成长。所以，当学习者离开课堂，也可以积极地彼此交流，更多深入地了解他人，和更多人轻松地互动。课堂活动的终点就成为链接生活的新起点。

**撰写心得体会**

体验时间总是有限的，但是体验带来的心得可能是丰富的，却没有能够及时表达出来的。所以，强烈建议学习者结束后，将体验和反思后的心得撰写下来，这样会更加利于巩固学习收获。本章结尾处，附有一份学习者心得体验模板，如果习惯了用模板做记录，也可以参考使用。

## 活动2：惊鸿一瞥

### 带领者思路

每天从我们身边匆匆路过的人可能很多。在不同的场合遇到不同的人，惊鸿一瞥后又淹没为路人的事件对每个人来说可能并不稀奇。有时记住了一个名字，但再次相逢时却辨别不出对方的脸；有时是记住了那张脸，但如何称呼全然忘记。是否可以通过游戏来强化我们的记忆，努力将姓名与脸孔匹配，让惊鸿一瞥不再转瞬即忘？值得一试。

擂台的两端，球网的两边，很多时候因为站在了对面，似乎就成为竞争的对手。游戏开始时，参与者站在幕布的两面，体验一个看上去时刻在竞争的项目，我们是对手吗？惊鸿一瞥的活动过程中看起来似乎充满了"输赢"。每个人几乎都能体验到团队即将到达胜利的巅峰或即将走向团灭的深渊。但最终的结果会让我们再次审视"何为输赢"。

我们会发现不同人的"团队归属感"是有差别的。有些人遵循"从一而终"的原则，第一次被随机分配到哪一群人里，就一直保留着属于这支队伍的初心。但另一些人不会轻易确定自己的"团队"，他们需要更多磨合的过程来感受自己对同行群体的接纳与认可，进而才会有归属感。在没有明确之前，他们是自由的、可流动的。

"惊鸿一瞥"是站在人际互动的开端里，与你同行。

### 活动实际操作

#### 1. 预设目标

※ 促进不熟悉的人之间加速"融冰"。

※ 体会展开人际沟通并不困难。

※ 从不同角度思考"何为输赢"。

#### 2. 场地要求

※ 室内外均可。

※ 室内空旷场地较大为宜。

※ 户外场地最好是来往人群较少的专门活动区域。

#### 3. 活动道具

※ 一块至少2米高×3米宽的不透明帘幕(可供30人使用)。

### 4. 参与人数

※ 一般要按照场地容量和带领者数量合理安排总人数。

※ 如仅有一位带领者，总人数不超过30人为宜。

※ 本活动超过30人后，需分四组两俩同时进行，少于30人宜全体进行。

※ 小组人数10～15人为宜，且两组合作进行。

※ 超出两个小组同时进行时，需一位总带领者，且每两组配有一位辅助带领者为宜。

### 5. 体验时长

※ 总时长90分钟。

※ 带领者告知操作须知并组织学习者分成偶数临时小组5～10分钟。

※ 体验时间50分钟。

※ 带领者引导分享并提供观察反馈30分钟。

### 6. 操作步骤(带领者)

讲解说明时，带领者可以即时邀请四名学习者进行操作演示。邀请身材较高的学习者两人，拎住帘幕两角，尽量拉高，帘幕接触地面处稍微松缓一些，保证站在帘幕两面的人不能看到对方。另外两名则作为体验者演示以下操作步骤。

**第一阶段：讲解说明和学习者体验**

全体学习者做最初步的认识，认识的关键是尽量将姓名和脸孔对应记住。

在带领者组织下将全体学习者分为每组人数相对均等总数不超过10～15人的偶数组，两个小组配合体验

每次每组派出一人，负责拎住帘幕，成为两组学习者之间的挡隔，剩余学习者分别聚集在帘幕两边，离帘幕至少一米远，空间允许情况下最好一点五米，为确保对面不能看到彼此，最好蹲下或坐在地面。

带领者每次都将发布倒数口令，每次倒数十秒后，两组必须各派一人向前靠近帘幕蹲立，当再次听到口令："一、二、三，放下"，帘幕落下，蹲立者立刻站起，并及时认出对方，同时大声喊出对方的名字。能迅速认出对方且正确喊出姓名者获胜，可以"俘虏"对方，对方就要加入自己的阵营；若两人同时正确喊出对方的名字，就相互"俘虏"；若两人都喊错，就交换阵营。除派出的蹲立者外，其他学习者不可做任何提示，如果违规，则自动被"俘虏"到对方阵营。

被"俘虏"者自动加入新阵营，成为新团队临时成员参与后续活动。全体学习者均在同一阵营(即帘幕同一边)时，活动结束(亦可根据课程时间有机调整，比如设定为体验多长时间结束，此时人数多一方获胜)。

学习者需轮流派出，帘幕一方全体学习者都经历一次后，才能再循环。具体顺序不限定。

项目进行过半时，可以挑选另外两人代替最初拉起帘幕的两人，让每个人都能加入到项目中进行体验。

特别要求：不允许使用纸笔、智能手机等类似工具。全部过程需要充分动用记忆力和专注力。

### 第二阶段：引导分享

这项活动适合全体（30人以内）一起分享。

总体分享切入点及引导问题：

**引导发现情绪感受**

- 一开始记忆他人的脸和姓名时，困难是什么？
- 蹲在帘幕前，帘幕放下前的感受是怎样的？放下后呢？
- 被"俘虏"的感受是怎样的？
- "俘虏"了别人的感受是怎样的？
- 在帘幕后方等待时的心情又是怎样的？
- 自己的队伍人数减少时心情是怎样的？增多时呢？占绝对优势时呢？
- 还有什么其他想要分享的情绪感受？

**反馈观察结果**

有些人跃跃欲试，看起来比较有自信，但也不一定就能成功"俘虏"对方，有些人比较紧张，有点退缩，但真的到帘幕前，也能成功"俘虏"对方，有时候可能并不是能力差别，可能是个性差异。

有些人在第一次被"俘虏"后并不积极投入新阵营，而是在互动中"故意"再次被"俘虏"回到最初所在阵营，该组队员在很短的时间内表现出对最初所在阵营的归属感；而有些人在被"俘虏"后并没有那么明显的阵营差异反应，更多积极投入新的互动中。

有些人在这样的互动中展现了出色的记忆能力，获得了大家一致的认可和赞叹。

**倡导链接生活**

活动到最后，似乎有一个胜负，但到底是哪一个阵营最终取胜了呢？可能我们都赢了，也可能我们都输了。

生活里有时候，我们似乎也和一些人处于过程竞争的状态，但在我们的内心未必就需要把对方当作对手，甚至可以通过目标调整或方式调整来实现共赢。

## 活动3:盲行天使

### 带领者思路

我们拥有视觉时,外部世界的很多信息会自然地进入视野,也有很多信息出现很多次,却似乎从没被关注。

当我们蒙住双眼时,世界会否跟我们看得见时不一样?人除了拥有视觉,还拥有听觉、嗅觉、味觉、触觉。风吹过耳畔的声音、小朋友灿烂的笑声、机动车发动的声音、花木里的香气、露水的味道、草尖轻微的刺手、树皮的斑驳……欣欣向荣的生命感通过多种通道窜入脑海。蒙住了双眼,其他的通道似乎会变得更加敏锐。这敏锐可能会带来愉快感,也可能会带来紧张感,不同的人反应是不一样的。

如何才能让我们盲行的同伴感到安全,说"加油",鼓励他?用"牵手",握紧他?当我们要做他人的"天使"时,如何才能让对方感到安全、信任,让我们的眼如同他/她的眼一样,让他/她放松地跟随着我们去感受,去体会,去思考,值得尝试。

有"天使"陪伴时,我们会不会感到恐惧?大概率还是会的,尤其是当作为"天使"的同伴和我们还不熟悉的时候。尽管有"天使"陪伴我,我依然承认自己的恐惧和担忧,是否会显得我不够信任他人?这倒未必。我们习惯了自己看见、自己把握、依靠自己。当不能看见时,有可能会感觉一堵厚厚的墙时刻挡在行进的前方,无法遏制的恐惧油然而生。如果过程中,不小心踩了一个坑,碰到一棵树,被一辆车擦身而过,浑身汗毛竖起也是一种很自然的反应。信任不是说出来的,也不是一蹴而就的，是慢慢地配合达成默契后形成的，是逐步地放下自己的警戒，将自己对安危把握交给他人的过程。

人与人之间的相处，可以互为“天使”，也可以互为恶魔。“盲行天使”中，你的“天使”会带给你怎样的体验，你怎样才能成为别人的“天使”，都是体验后，可以用心回忆和思考的内容。

## 活动实际操作

### 1. 预设目标

※ 促进并不太熟悉的人之间逐步建立信任。

※ 体会信任建立的过程。

※ 感受自己的恐惧和忧虑。

※ 体验感官更多通道打开的过程。

### 2. 场地要求

※ 户外和室内。

※ 室内至少要有椅子。

※ 户外场地最好是封闭式的宽阔区域，以保障学习者的安全，比如，校园或者休闲园区。

### 3. 活动道具

※ 每人一个不透光的黑色眼罩。

### 4. 参与人数

※ 一般要按照场地容量和带领者数量合理安排总人数。

※ 此项目总体人数可以较多，但为了分享时效果较好，依旧推荐如果只有一位带领者，总人数不超过40人为宜。

※ 两俩搭档，同时进行活动体验。

※ 总人数超过40人后，建议根据总人数适当增加辅助带领者。

### 5. 体验时长

※ 总时长90分钟。

※ 带领者告知操作须知并组织学习者两俩搭档5~10分钟。

※ 体验时间40分钟。

※ 带领者引导分享并提供观察反馈40分钟。

### 6. 操作步骤(带领者)

讲解说明时,带领者可以一位学习者作为搭档来演示活动如何操作。

#### 第一阶段:讲解说明和学习者体验

两俩搭档,建议男女组合,不熟悉的人组合。因为性别的差异、不太熟悉的人可能会带来更多不同的体验视角。

出发时一人用眼罩蒙住双眼,另一人自动成为"天使",引导盲行的人去限定区域(比如校园)内行走体验。20分钟后,两人交换身份。

第二个作"天使"的人有一个明确的目的地,就是出发的地方。所以,比较熟悉环境,或者识路能力较强的学习者可以先盲行。

强调"安全第一",在此前提下,行走路线、交流内容均可自行安排。通过何种方式引导盲行,也是自行商量决定。

建议在交流内容中,讨论"生命"这个关键词。可以是具象的,也可以是抽象的。

回到出发地点后,分享过程中的感受。

特别提示:摘下眼罩后可闭目10秒再睁眼,在明适应的过程中避免眼睛受到影响。

#### 第二阶段:引导分享

这项活动适合全体(30人以内)一起分享。在分享前,可以给几分钟时间,让学习者把刚刚深刻的体验先记录下来。

**引导发现情绪感受**

• 活动过程中你最深刻的感受是什么?

• 当你戴上眼罩时,你的感受是什么?后来又发生什么变化?

• 当你成为"天使"时,你的感受怎样?

• 作为盲行的人,你是否把自己的感受告诉了"天使"?

• 作为"天使",你觉得怎样才能让盲行的人感觉到安全和信任,才能让自己感到安心,并且尽到了照顾和引导的责任?

**倡导链接生活**

在生活里,我们如何做他人的"天使"?

生活中,信任是通过什么来建立的?

通过"盲行天使",我们对生命的体验又多了些什么?

**倡议积极视角**

当我面前一片黑暗时,

我听得见更多,

我闻得到更多，
我摸得到更多，
我的世界依旧在，
而且还有他/她，在我身边；
当我是一名天使时，
我要让他/她听见更多、闻到更多、摸到更多、感受更多，
世界因为我们互相陪伴同行，
变得更加丰富、明媚。

## 活动4：马蹄队列

### 带领者思路

在不交流的情况下，我们根据一些表面的信息和揣测先确定一个自己的位置，而后在进行交流和澄清，来更充分地了解他人。

不熟悉的人可以设定一些比较表层的信息作为马蹄队列的关键词，较为熟悉的人可以设定一些较为深层的想法作为马蹄队列的关键词。不管在什么时候，我们能感受到他人是一本丰富的书，一座富饶的矿，值得不断深入地认识和了解。

### 活动实际操作

#### 1. 预设目标

※ 促进学习者能更多地了解他人。

※ 引发一些深刻话题的分享和思考。

#### 2. 场地要求

※ 室内为宜。

※ 桌椅最好可以移动，只有椅子即可。

#### 3. 活动道具

※ 可以不用道具，也可以在最后使用纸笔或者直接用手机作为替代工具。

#### 4. 参与人数

※ 一般要按照场地容量和带领者数量合理安排总人数。

※ 如仅有一位带领者，总人数不超过30人为宜。

※ 本活动全体进行。

### 5. 体验时长

※ 总时长90分钟。

※ 带领者告知操作须知5分钟。

※ 学习者体验环节40分钟。

※ 带领者引导分享并提供观察反馈45分钟。

### 6. 操作步骤(带领者)

#### 第一阶段:讲解说明和学习者体验

首先,请大家在带领者允许交流前,不要进行交谈,也不要通过其他方式向他人传递信息,最多只能互相礼貌地看看对方。

第一轮,先让我们根据自己生日的日期时间来进行排序,日期数字越小就越靠近带领者左手边,日期数字越大就越靠近带领者右手边,大家面对中心站成一个马蹄形。

站好后,一起坐下来,让我们每个人分享一下自己生日的日期数字。如果有人站错了位置,可以及时示意、调换并说出自己的生日日期数字。

第二轮,这里的设计可以根据全体学习者的共性特征进行设计。比如,如果都是教师群体,有老有少,可以让大家按照教龄长短来排序,不能进行交谈和用其他方式传递信息,最多只能礼貌地看看对方。如果学习者的共性特征很难提取,这一轮就可以跳过。

第三轮(如果第二轮跳过了,就是第二轮)。请大家思考一下自己希望活到多大年纪。这是一个比较严肃的话题,请大家认真思考3分钟,同时思考一下理由以及到那个时候你希望别人会如何评价你。

同第一轮,觉得自己希望的这个年纪比别人越小就越靠近带领者左手边,越大就越靠近带领者右手边。不用太着急,可以调换位置,直到感觉没问题再站定。

站好后,一起坐下来,让我们每个人分享一下自己心中的那个数字。如果有人站错了位置,可以及时示意、调换并说出自己的数字。

#### 第二阶段:引导分享

这项活动适合全体(30人以内)一起分享。

第一轮和第二轮分享可以相对比较简单,大家报出自己的信息后,带领者可以适当邀请有变化的学习者分享自己为何会站错,予以积极的不评价的回应。也可以询问发现和自己信息相同的人时,感受是怎样的。

第三轮分享前,可以给几分钟时间,让学习者把刚刚深刻的体验先记录下来。

**引导发现情绪感受**

• 当你去思考这个年纪和理由时你的感受是怎样的？

• 当你想到最终期待别人如何评价自己时，有怎样的感受？

• 当你发现自己站错了，以为自己想的年纪偏小，却还有人想得更小时，你的感受是怎样？以为自己想的年纪偏大，却还有更大的时，又是怎样的感受？

• 听到别人的理由和期待别人的评价时，有什么感受？

**反馈观察结果**

有些信息属于我们的表层信息，或者说涉及的隐私度不高，所以我们很轻松，就算是猜测错了自己的位置也并不会觉得尴尬。而有些信息属于我们的深层信息，隐私度较高，这些信息在群体中分享出来，就表达了对全体成员的信任，因此我们一定是期待别人都能保守秘密，这些信息不再外传。

我们也期待群体成员能接纳和认可我们的想法，并不着急给予带有评价色彩的反馈。因为我们都拿出了真诚，都很慎重，所以这样深层次的分享就会带我们更多的收获。

**倡导链接生活**

听完大家的分享，如果再选一次，你会否改变自己的设想？

虽然我们很多时候并不会去思考这样的问题，但是有时候这样的思考也会帮助我们更好地去生活。但不能仅仅停留在自己的思考中，毕竟我们处于一个丰富的多元的世界里，他人关于这个问题的思考，也许会给我们带来很多新的启发，引起我们的反思。

珍惜每一个可以思考的时刻，
珍惜每一天的生活，
珍惜每一次真诚的分享，
珍惜每一颗善良的心。

马蹄队列，不仅仅是一个队列，还是我们生活信息的分享，以及我们对于生活的感触与思考的外现。

## 活动5：如果我是你

### 带领者思路

如果一个人在你的印象中经常穿红色的衣服，背红色的包，那么你对他/她偏爱的颜色判断一定是有一个倾向性结论的。可是，这个“经常”到底是什么样的时间频率？在什么样的生活内容背景下？不深入接触可能并不明晰或精确。所以，很多下意识的标签源自我们自己的经验，却并不一定代表别人内心的想法。

为了简化对他人的认识过程，人类通过自己的判断得出一些关于他人的结论，这也是一种进化的结果，是社会适应的表现之一。但如果想要真实具体地了解他人，尤其是对其心理特点和思维世界的了解，还是要建立在深入交流的基础上。他人的偏爱、习惯、情感、生涯等这些内容都可以通过深入交流，发现更多。

## 活动实际操作

### 1. 预设目标

※ 促进人与人之间的深入交流。

※ 体会刻板印象的积极面和消极面。

※ 掌握与他人展开交流的各种话题。

### 2. 场地要求

※ 室内有桌椅，或者带手写板扶手的椅子。

### 3. 活动道具

※ “如果我是你”工作纸每人一张，写字笔一支。

### 4. 参与人数

※ 一般要按照场地容量和带领者数量合理安排总人数。

※ 此项目总体人数可以较多，但为了分享时效果较好，总人数不超过40人。

※ 两俩搭档，同时进行活动体验。

### 5. 体验时长

※ 总时长90分钟。

※ 带领者告知操作须知并组织学习者两俩搭档5～10分钟。

※ 体验时间40分钟。

※ 带领者引导分享并提供观察反馈40分钟。

### 6. 操作步骤（带领者）

讲解说明时，带领者用工作纸即可进行演示。

**第一阶段：讲解说明和学习者体验**

任意两人都可以搭档体验，但不熟悉比较好。

选好搭档后，坐在一起，先不要进行语言交流，根据自己对对方的观察来填写

“如果我是你”工作纸(详见本节附件)。

填完之后,搭档交换工作纸,先将完整准确的结果标上“√”,完全不准确的结果标上“○”,有点准确又似乎还不完善或者开始没想到但是对方写了就觉得很有道理的结果标上“?”。

请基于标注完毕的工作纸,相互交流,了解对方。如果你填写速度比较快,请耐心地等待你的搭档完成;如果你们完成得比较快,其他搭档们还在埋头填写,你们可以轻声地交流,等到大家都开始交流,就可以放大交流的声音。直到带领者喊停。

特别提示:在完成填写附件前,一定要忍住向对方询问的冲动,但可以仔细地有礼貌地观察对方。

### 第二阶段:引导分享

这项活动适合全体(40人以内)一起分享。每个人可以分享搭档对自己的揣测结果,也可以分享自己揣测搭档的结果。

在人数较多且时间有限的情况下,可以约定两俩搭档中一人先进行分享,待到所有搭档中均有一人分享完毕后再邀请另外一个人分享。

原则上不用分享全部的内容,可以设定一个人站起来挑选三项自己最感兴趣的内容进行分享,或者标注“√”“○”“?”各分享一项。根据发言的进展,适当引导学习者分享不同的内容。

**引导发现情绪感受**

- 你仅仅通过揣测,回答问题时,心情是怎样的?
- 当你发现自己猜对了某些问题的答案时,又是怎样的心情?
- 当你发现自己猜错了,是怎样的感受?搭档跟你说明正确的答案时,感受又是怎样?
- 当你听到了他人的分享后,发现了自己也有一些刻板印象时,感受又是怎样?

**反馈观察结果**

有些人写得很快,并不太纠结是否能够正确地回答,而有些人会进展较慢,思考的时间更长,显得更希望能回答准确,这些表现是我们的差异,但也并不意味着写得快的人回答不准确的就多,深思熟虑的人回答准确的就多。因为在不经过深入交流的情况下,仅靠自己的思索琢磨,未必就能把握到准确的信息。

有些人比较容易给搭档填写的内容打“√”,甚至有些可能是“?”的内容也倾向于打“√”,另一些人则相反,比较严格,只要跟自己所想有差别就统统画“○”。仅仅有这种标注结果,如果不进行交流,我们的感受会产生很多自己的猜测。但如果进行了交流,可以帮助我们更好地体会他人为何是这样的倾向。

**倡导链接生活**

通过"如果我是你",我们可以发现,很多时候靠一些刻板印象和表面的观察,也可以对他人有所了解,甚至推断准确,因为有些人的特点符合刻板印象,他们会把自己的偏向清楚地展现出来。不过当我们听到更多人分享时,就会发现刻板印象出错的概率也是无法忽视的,并且很多人的偏好并不会直接表现出来。

借助工作纸上的各种问题,我们和他人展开交流一点都不困难,就算是完全不认识的两个人,也很快就能知道对方爱好、想法甚至是价值偏好,也比较容易形成对他人好的印象,因为交流过程中,我们可以不断获得更准确的他人信息,让我们感受到更多的人际交往中的真诚以及交往的深度感。其实抛开工作纸,我们在日常生活中,也可以通过礼貌地主动地问询或分享自己的信息,来与他人加强互动和交流,加深对彼此的认识和了解,建立更为和谐的人际关系。

## 附件

**如果我是你**

想象你是你的搭档,完成下列句子。

1. 我喜欢的颜色是______________,因为__________
2. 一天之中我最喜欢的时间是____________________
3. 我特别讨厌____________________
4. 我最喜欢的音乐是____________________
5. 有时候我担心____________________
6. 我最大的恐惧是____________________
7. 我喜欢的人的特点是____________________
8. 人们喜欢我是因为____________________
9. 如果在我的卧室里看见老鼠,我会____________________
10. 如果我能去世界上的某个地方旅游,我会去______________
11. 如果我赢了一大笔钱,我会____________________
12. 对我来说最好的一天意味着____________________
13. 如果一个热气球降落在我家的院子里,驾驶员对我说:"上来跟我一起坐吧!"我会____________________
14. 如果有人邀请我参加周游世界的船队,我会______________
15. 如果有人给我提供一个到国外工作的机会,我会______________

16. 如果我有机会选择：一个有趣但报酬低下，一个无趣但报酬丰厚的工作，我会________________

完成以上的句子，标注后，再和你的搭档交流内容。

## 活动6：宾果游戏

### 带领者思路

20个问题，有18个可以设定，2个自拟。有些是愿望，有些是曾经的经历，有些是特殊能力。我们想要找到20个回答“是”的人，但为此，我们可能要握更多人的手，无论对方说“是”或“不是”，我们都报以微笑，真诚地感谢对方，感谢对方耐心地听取我们的发问，友好地反馈，感谢对方给予我们积极互动的勇气和信心。在提问和回答的过程中，感受人际沟通的放松与自然。

### 活动实际操作

#### 1. 预设目标

※ 促进人与人之间的交流。

※ 较短时间内促进学习者主动了解他人。

※ 体会礼貌用语和行动带来的亲和。

#### 2. 场地要求

※ 户外或室内均可。

※ 室内如果有桌椅，最好可以移动。

※ 户外场地最好是不容易受到他人干扰的区域。

#### 3. 活动道具

※ “宾果游戏”工作纸和笔，每人一套。

#### 4. 参与人数

※ 一般要按照场地容量和带领者数量合理安排总人数。

※ 此项目总体人数可以较多，但为了分享时效果较好，依旧推荐如果只有一位带领者，总人数不超过60人为宜。

### 5. 体验时长

※ 总时长90分钟。

※ 带领者告知操作须知5分钟。

※ 体验时间40分钟。

※ 带领者引导分享并提供观察反馈45分钟。

### 6. 操作步骤(带领者)

讲解说明时,带领者可以用PPT展示“宾果游戏”工作纸(见本节附件)。如果没有PPT则可以提前发放工作纸。

**第一阶段:讲解说明和学习者体验**

拿着“宾果游戏”工作纸和笔去寻找至少20个人,并围绕关键词句进行提问。向别人提问时,要面带笑容,记得说“请问”。

别人如果回答为“不是”,不要着急走开寻找下一个人,要真诚跟对方握手表示感谢说“很高兴认识你”。

别人如果回答为“是”,邀请对方在对应问题的格子中签名,并真诚跟对方握手表示感谢说“很高兴认识你”。

提问示范。了解“和自己出生在同一季节”,肯定不能问别人说“请问你和我出生在同一季节吗?”而是要根据自己出生的季节来转换表述。不过大家对于季节究竟覆盖哪些月份可能有分歧,所以如果对方回答“是”,还可以再明确一下,看看你们心中的认知是否一致。自拟题目,最好不要过于任务导向,比如,不要面对一个男性说“请问你是男性吗?”或者“请问您能给我签个名吗?”而是最好问一个你想问对方的问题,但如果问了很多人都没有得到“是”这个回答,也是可以修改和自拟的。

集齐20个不同人的签名后,要在活动现场的中心区域大喊一声“宾果”表示自己完成了。然后耐心地等待其他人完成挑战。

特别提示:在教室里进行该项活动时,要提醒学习者注意摆放在桌面上的杯子或其他容易碰掉的物品。

**第二阶段:引导分享**

这项活动适合全体一起分享。在时间充分的情况下,可以邀请大家分享自己提问过程中比较想要告知他人的片段,或者分享自己的自拟题目。时间不充分的情况下,只能邀请部分人进行分享,再统一就每一个问题让回答“是”的人举手,让其他人知道有同样答案的人还有哪些。或者还可以布置任务,对该项活动体验进行文字性的整理和总结。尤其要强调大家务必保存好这张有很多签名的纸条,如果实在不想保留,也可以粉碎后丢弃。

**引导发现情绪感受**

- 很久都没有获得“是”的回答时,你的感受是怎样的?
- 发现与你有相同特点的人时,你的心情是怎样的?
- 完成了挑战时,感受又是怎样的?
- 你是如何选择提问对象的呢?
- 如果让你添加提问内容,你会写什么?

**反馈观察结果**

首先过程中绝大多数人都是不自觉地面带笑容。尤其是获得“是”这个回答时,大家都很开心,握手也会更加用力,内心的感谢从行动上就能体现出来。

再就是有些人会非常投入和快乐,还有一些人中间会有一些迟疑,尤其是人们扎堆进行的时候。但因为身边的人都有进展,无暇顾及停顿的人,反倒不会造成什么尴尬。

较晚完成的人,获得了先完成的人更多的帮助,甚至有人主动提问,还有什么问题没有拿到签名,协助没有完成的学习者找到能够回答“是”的人,这是人类非常本能和自然的助人倾向性,尤其是在这样的交互环境持续了一段时间后,大家很自然就想要去帮助到身边的人,人与人之间的亲近增加了。

完成的人会很想要把结果分享给带领者知晓。完成让每个人都很愉快。

**倡导链接生活**

其实生活中,我们有很多时候也可以通过这样的提问来开展人际交往,进行人际沟通。不善于打开话题的人,可以像这个“宾果游戏”一样,自己设计一下话题,但务必记得不要过于涉及隐私,人与人之间需要有一个缓慢熟悉的过程,水到渠成的坦露加深,会让人们在有安全感的情况下,自觉提高亲和动机,更愿意去分享内心世界给他人,更有助于和谐的人际关系建立和维持。所以,不要把“宾果游戏”只留在学习的经验里,把它带入生活,创设更加美好的人际沟通环境吧。

## 附件

**“宾果游戏”工作纸**

| | | | | |
|---|---|---|---|---|
| 和自己出生在同一季节 | 有兄弟姐妹 | 养过宠物 | 能说不止一种语言 | 在家里帮父母做家务 |
| 想蹦极 | 认为早晨六点起床太早 | 自拟 | 喜欢吃鱼 | 可以从左右向中间卷起舌头 |
| 想出国旅行 | 通常会早起(早晨七点前起床) | 自拟 | 拥有过至少一辆自行车 | 喜欢网络游戏 |
| 喜欢运动 | 夜猫子(总是超过十二点睡觉) | 参加过志愿服务活动 | 喜欢阅读 | 未来想有至少两个孩子 |

# 活动7:雪花飘飘

## 带领者思路

同一个人发出相同的指令,但是执行者的结果却差别很大,是什么原因呢?如果只是单向发出指令,执行者不能获得疑问澄清,就非常容易产生偏差。虽然只是简单的剪纸活动,却能非常鲜明地体现沟通过程中单向与双向、封闭与开放、盲目与探索的区别。

## 活动实际操作

### 1. 预设目标

※ 体会沟通过程中单向与双向、封闭与开放、盲目与探索的区别。

※ 明确有效沟通的基础是双向沟通。

### 2. 场地要求

※ 室内有桌椅为宜,最好可以移动。

### 3. 活动道具

※ 人均两到三张A4大小轻薄纸张和剪刀一把。

### 4. 参与人数

※ 一般要按照场地容量和带领者数量合理安排总人数。

※ 此项目总体人数可以较多,但为了效果较好,依旧推荐每10人有一位辅助

小组讨论的协助带领者。

### 5. 体验时长

※ 总时长90分钟。

※ 带领者告知操作须知5分钟。

※ 体验时间30分钟。

※ 小组分享与讨论20分钟。

※ 带领者引导全体分享并提供观察反馈35分钟。

### 6. 操作步骤(带领者)

#### 第一阶段:讲解说明和学习者体验

请学习者背对彼此围坐,将纸和剪刀先摆放在桌面。

请学习者闭上眼睛,仔细听带领者口述的指令。在过程中专注于自己的任务,不要睁眼看他人。第一轮指令:

① 请把纸对折、再对折,在左上角撕去一个正方形,请将撕下来的那一角碎屑装在自己的口袋里,不要随意乱丢。

② 将手中的纸再对折,在右上角撕去一个等边三角形。请装好碎屑,不要乱丢。

③ 将手中的纸再对折。在中间撕去一个半圆。请装好碎屑,不要乱丢。撕纸过程中不允许提问和交流。

完成撕纸后,请把你的这份作品先放到口袋里。接着进行第二轮剪纸。这次不用闭眼睛,但也请仔细听带领者口述的指令,且过程中专注于自己的任务,不要看别人。

第二轮指令为:

① 请将手中的纸长边朝上下、短边朝左右。

② 将纸左右对折,再上下对折。在现在的图形左上角剪去一个边长1厘米左右的正方形,请将剪下来的那一角碎屑装在自己的口袋里,不要随意乱丢。

③将手中的纸再对折,在右上角剪去一个边长为1厘米的等边三角形。请装好碎屑,不要乱丢。

④ 将手中的纸再对折。在中间剪去一个直径1厘米的半圆。请装好碎屑,不要乱丢。剪纸过程中可以提问和交流。

(第二轮的指令还可以是:① 将长方形纸横向拿好,由左向右折1/3,再由右向左折1/4,在左下角剪去一个腰长为2厘米的等腰三角形。② 将剪剩的纸上下对折,由左向右折1/4,再由右向左折1/3,在右下角剪去一个腰长为1厘米的等腰三角形。)

10人围坐成为一个临时小组,展开自己的两份作品,可以比较差异,并进行分享和讨论。

小组讨论结束后,进行全体的分享与讨论。

特别提示:剪纸过程中务必要注意剪刀使用安全,不要伤到自己或他人。

### 第二阶段:引导分享

**引导发现情绪感受**

(1) 小组内分享:

- 第一轮撕纸时的感受是怎样的?
- 第二轮剪纸和第一轮时感受差异是什么?

(2) 全体分享:

- 第一轮撕纸时的大家的感受是否一样? 都有哪些感受?
- 第二轮剪纸时感受发生了怎样的变化?
- 如果你是发出口令的人,你会怎样做,来让大家的感受发生变化?

**反馈观察结果**

撕纸的时候,很多人的表情看起来似乎都反映了内心的情绪。为什么要闭着眼睛,为什么不能提问和交流,这怎么能很好地完成呢? 而剪纸时,大家的表情就相对比较舒缓和坦然,能够提问和交流确实有效推进了大家执行的效果。

**倡导链接生活**

生活中,其实并不缺乏单向的、封闭的、盲目的沟通,这也是有些人会说,明明讲得都一样,结果却差别那么大;但反过来,接收信息的人就会说,虽然讲得都一样,但是理解得不一样啊,而且细节不清楚,不能提问,不能得到有效的反馈,自然就不能做得好。所以,下达指令和接收指令的人之间常常会因为沟通有效性的影响而产生很多矛盾和分歧,有时候也会极大地影响事情的进程与效果,双方还都有一些消极的情绪体验。所以,当我们是输出指令一方时,要注意些什么;当我们是接收指令一方时,要努力去争取些什么,都是需要去思考和实践的。

## 活动8:情绪绘画

### 带领者思路

将情绪用绘画展现出来,这并不是考验每个人的绘画能力,而是让大家用图像、颜色来投射内在的不容易表达清楚的情绪，同时也去观察到他人表达的内容和我们的差异。

不管怎样的情绪，只要是自然地发生，都有它独特的意义。认识情绪，理解情绪，看到多种情绪的积极意义和消极意义，通过情绪绘画认识他人，理解他人，体会多种情绪带给个体的差异或者相似之处，都有助于提高我们的情绪管理能力。

## 活动实际操作

### 1. 预设目标

※ 尝试用图像和颜色来表达内心的情绪。

※ 通过交流了解他人的情绪表现和自己的相似以及差异之处。

※ 提升对情绪的认识和理解，提升情绪管理能力。

### 2. 场地要求

※ 室内为宜，如果是木地板，大家可以趴在地面上绘画也是可以的；如果有桌椅，最好可以移动。

### 3、活动道具

※ 每人一张60 cm×80 cm大白纸，一盒12色或24色水彩笔。

### 4、参与人数

※ 一般要按照场地容量和带领者数量合理安排总人数。

※ 此项目总体人数可以较多，但为保障分享效果，最好每6个人配备一位辅助带领者，总体还要有一位带领者。

### 5、体验时长

※ 总时长90分钟。

※ 带领者告知操作须知5分钟。

※ 体验时间30分钟。

※ 小组内分享与讨论30分钟。

※ 带领者引导分享并提供观察反馈25分钟。

### 6. 操作步骤(带领者)

#### 第一阶段：讲解说明和学习者体验

请大家将大白纸上用彩色画格子，分成面积接近均等的八块。

在前四块，分别用不同的色彩表达你的“高兴”“悲伤”“愤怒”“忧郁”，顺序可以自拟，自己心中知道即可，先不要告诉任何人；在后四块，用线条图像来描述你经历过的会引发你强烈情绪反应的事件。不管是否能很清晰地画出来,尽力就好。

绘制过程中,大家尽量不要看别人的内容,完全专注于自己的展现,不要着急完成,可以细细琢磨再认真绘制,时间是充分的。绘制完成后,还可以再回顾一下,看看是否接近你的感受和想法。绘制总体时间有30分钟。

绘制完成后,每6个人形成一个分享讨论小组,由辅助带领者组织开展分享和讨论。

小组分享讨论结束后,进行全体分享和讨论。每个小组还可以总结一下,并派出一到两位代表在全体分享时表达小组分享的结果。

特别提示:在分享时,分享内容自主选择,有些绘制的内容不愿意说出来,也是可以的。

### 第二阶段:引导分享

这项活动需要先小组分享,由辅助带领者对于分享内容进行前期的观察和把控,避免带出一些强烈情绪,现场不能很好地解决。

**引导发现情绪感受**

(1) 小组内分享:

- 当你看到这一幅绘画时,你感受到了什么?
- 让我们来了解一下绘制者实际的感受是什么?
- 当我们发现和他人绘制的图像或色彩非常相似时,我们的感受是怎样的?
- 当我们发现很大的反差时,感受又是怎样的呢?

(2) 全体分享:

- 当我们听到其他小组分享的结果,和我们的结果相似时,感受是怎样的?
- 当我们听到很大的反差时,感受又是怎样的呢?
- 当我们看到一个图像或者色彩时,能不能准确地感受绘制者的情绪呢?如果能,为什么?如果不能,又是为什么?

**反馈观察结果**

绘制时,每个人的表情似乎都一定程度反映了内心世界,但即便如此,也不敢妄加推断,只是看大家绘制不同表情时,确实有差别,这一方面说明了大家都很认真,另一方面也说明了情绪是比较容易外显出来。

有些人绘制起来比较快,在表达情绪上遇到的阻力比较小,而另一些人看起来则有点进展缓慢,这是否也意味着在表达情绪上会比较收敛,平日里会否也有这样的表现呢?

**倡导链接生活**

在绘制完成后,是否还有一些情绪涌上心头?你回去以后可以将它继续绘制出来。

如果说可以快速、清晰地表达情绪，那么不管产生了怎样的情绪，它可能不会那么容易困住我们，因为它展现出来就是一种信号，可能会引起别人的关注，获得更多的帮助和支持，或者引起更多的愉快感。如果说输出相对比较困难，那么就要反思生活中是否常常把情绪埋在心底，但又会受到困扰。这些都是大家结束这个活动体验后，可以带入生活去观察和思考以及完善的内容。

## 知识区

### 人际沟通及其特点

沟通本指开沟以使两水相通，后用来泛指使两方相通连；也指疏通彼此的意见。沟通的过程是借着语言、文学形象来传送或交换观念和知识。英国学者丹尼斯·奎尔指出，“沟通是人或团体主要通过符号向其他个人或团体传递信息、观念、态度或情感”。管理学家赫伯特·西蒙则认为，沟通“可视为一种程序，借此程序，组织中的一学习者，将其所决定意见或前提，传送给其他有关学习者”。人际沟通是指人与人之间运用语言或非语言符号系统交换意见、传达思想、表达感情和需要的交流过程，是人们交往的一种重要形式和前提条件。

**人际沟通重点是心理层面的联结。**人际沟通不仅是交流相互的信息和观点，更重要的是融入了彼此的情感，使得沟通更具有情感性和人性化特征。人际沟通的最终目的是实现双方心理层面的联结，在观点上彼此认同，在情感上促成融洽。对于沟通双方而言，心理层面上的意义和价值比单纯的信息互通要更高、更重要，更值得关注。

**人际沟通内容具有不可逆和不可重复性。**现实情境中的人际沟通内容不能像录像录音一样，可以轻易对不满意的内容和过程进行处理和剪接。对于交往过程出现的错误和不当，我们可以请求谅解或原谅对方，但我们不能轻易将错误和不良影响抹去或消除。此外，让人在不同的环境、不同的心境下完全重复以前的内容几乎不可能实现，因为一切都发生了变化，人际沟通内容也不存在完全意义上的重复。现实情境中的人际沟通内容的不可逆和不可重复使得人们相互间的交往变得更为复杂、多变、难以控制。正因如此，在网络交流平台，人们创设了撤回功能，这对于非即时沟通来说，一定程度实现了可逆，但如果双方是即时沟通，内容已经被阅读，即使撤回也会产生影响。

**人际沟通以改变彼此行为为目的。**人际沟通过程中，双方都需要借助言语或非言语工具来实现信息交流，当沟通双方有任何一方的行为发生改变，即表明沟通具有了效果。但只有双方都满意达成的结果，才是沟通的最佳效果。因此，人际沟通无论是采取什么方式和途径，其关键是在于以改变彼此的行为，达成目标一致。

## 人际沟通的动机

**乐趣与放松。**通过语音电话与好朋友闲谈，围坐在一起与朋友们争论哪一支球队会获得世界杯的冠军，和家庭成员在一起交谈或在周末一同出游，人际沟通让人们感受到生活中的乐趣，达到身心放松的目的。

**友爱与被接纳。**友爱是人们对所感激的和喜欢的人所拥有的热情依恋的情感。不论是通过拥抱、抚摸还是语言方式表达，友爱对人们的幸福都是重要的。被接纳是一种强烈的需要。年幼的个体希望能够被自己的哥哥姐姐看到并一起游戏；语言不通的人们如果能一起翩翩起舞，就算在异乡也会有一种仿佛融入的被接纳感；新人入职后，通过与工作环境里的前辈的人际沟通，可以更快地成为群体一员，也实现了被接纳感。

**逃避与控制**。人们也会通过人际沟通来设法回避让自己感到压力的其他事务。明明应该写期末报告,却时不时地要拿起手机跟远方的朋友聊天,甚至跟着已经完成任务的朋友们一起去看电影唱歌。

在相互关系中,人们也期望通过人际沟通让他人去做自己想要对方做的事情,有些可能是无关紧要的,比如,到底一起去看哪一部电影,去哪一个游乐园玩,去哪一个图书馆自习;或者一些至关重要的事情,比如,和配偶商量买一辆自己喜欢的车。带有一定的控制意味的人际沟通,有时被视为满足程度最低的沟通行为,比如,一个正在跟孩子沟通的家长试图达成的结果是,如果今天能自己清理房间,明天就可以睡一个懒觉。

# 人际沟通相关理论

## 社会交换理论

以乔治·卡斯珀·霍曼斯为代表的早期社会交换理论认为,人际交往活动具有社会性,当个体作出某种行为时,必会引起交往对方相应的反应行为,对方的反应给个体带来直接的奖赏或惩罚。人与人之间的交往关系就像一种简单的经济贸易关系,如果一个人在交往中给予别人的多,他就要从别人那里多取得一些作为报酬;如果个体从交往中获得的奖赏越多,那么这种交往活动对他的价值就越大,继续参与的可能性也就越大。

虽然很多人并不太喜欢社会交换理论,把人与人之间的互动与简单的经济贸易关系类比,显得关系里只有利益,但它确实能够对很多人际互动的现实进行解释。有研究进一步说明,交往的回报主要指我们在与他人的接触中获得的令人满足的经验和商品,比如,陪伴、爱、接纳、关心、礼物等,也就是说,人们能从人际关系中获益的不单单是物质或任务上的帮助、陪伴、交换信息,还有自信、情感支持、自尊和获得朋友的价值感;而交往中所有令人有挫折感和压抑的各种后果都是成本,比如,金钱花销、身体受伤、时间消耗、忧虑或不满的情绪、增加责任、失去独立等。个体对关系中获得什么的期望主要源于其过去经验,如果当事人过去曾经拥有过非常成功的交往经历,那么个体对此次交往就会持有较高的积极期待,如果过去的交往历史比较糟糕,那么个体的期待就会降低。当个体进入实际的交往过程,已有的期望就会影响到他对关系的满意度或幸福水平。也就是说,如果结果超过当事人的预期,他就会感到幸福和满足,而幸福的程度则取决于所得超过期望的程度。否则,即便在这个关系中当事人可能得到的回报大于成本,得大于失,但若是结果低于当事人的心理预期,个体同样也会感到失望。所以,人们对一段关系的满意度不是由净收益的大小简单决定的,还要考虑到个体对结果和预期的比较。满意的社会交换能够构建人们之间的信任关系,交换活动通过建立社会学习者之间的义务关系从而将他们联系起来,从而增强了社会的凝聚力。

## 人际需求理论

阿尔弗雷德·舒茨认为,个体内心都有三种基本的人际需要:包容的需要、控制的需要和情感的需要。可以根据这三种基本人际需要的强烈程度来描述、解释和预测个体的人际交往行为。如果这些需要在交往中得到满足，关系将会持续并获得良好发展；如果这些基本需要没有得到满足，那么关系将遭到破坏，个体将会义无反顾地选择从关系中退出。

包容的需要主要是指个体想与别人建立并维持一种满意的相互关系的需要，也可以称为归属需要。基本取向是增加人与人之间的相互作用水平，这种需要得到满足之后产生的行为特征是沟通、参与、融合等。在某种意义上来说，归属需要是人类进化的产物。由于早期人类的生存环境比较恶劣，要对抗凶猛动物的外在威胁，人们必须选择群居，在这样的条件下，与他人形成稳定、爱护关系的倾向性就会变成进化上适应的行为，拥有这些特性的人在生殖繁衍上占有优势。许多事实证据表明，人是社会性动物，没有得到足够归属感的个体很容易出现心理失调。对大多数人来说，长时期的独处是一种难以忍受的压抑经历。当个体被同伴排斥之后，会产生很多消极的反应。

控制的需要主要是指个体在权力问题上与他人建立并维持满意关系的需要，也可以称为支配的需要，以运用权力、领导和影响他人为特征。个体在人际关系中渴望达到一种权力均衡。这里所说的权力是指一个人能够有意地影响他人行为、思想或感受的能力。交往中的权力分配通常由社会规范、交往双方具有的相对资源等因素决定。社会规范通常决定了关系中的影响模式，在传统的家庭中，父母、丈夫比子女、妻子占有更多的社会权力。在社会组织中，拥有更多资源的人也会拥有更多的权力，因此企业的管理者比普通员工社会权力大。此外，根据最小兴趣原则，对关系没那么感兴趣的一方权力大。但是在一个交往中，如果双方的权力非常不均衡，处于弱势的一方在关系中无法满足其内在的支配或控制需要，那么这个关系也将很难维系下去。

情感的需要主要是指个体在与他人的关系中建立并维持亲密的情绪联系的需要，也可以称为爱与被爱的需要，以友善、关怀和亲密为特征。罗波·威斯曾指出，个体从关系中可以得到六种重要的情感收益：① 依恋感，即亲密关系提供的安全感和舒适感；② 社会融合感，即拥有一种与他人相同利益和态度的感受；③ 自我价值感，即帮助我们确定和提升自我价值；④ 稳定联盟感，即相信处于困境时有人会帮助我们的感受；⑤ 指引，即他人可以给我们提供必要信息；⑥ 照顾他人的机会，即照顾他人给我们一种被需要和自我重要的感受。这些积极的情感体验能够促使个体更好地适应环境。社会支持感可减少或防止心理紧张造成的心理伤害。布朗的调查也发现，在紧张事件中，有丈夫支持的妇女中只有10‰患抑郁症，而缺乏支持的妇女中有41‰患抑郁症。原因可能是，通过人际交往，人们可以有更多的机会体验积极情绪，意识到有人会支援和帮助自己共同对付外在压力，从而提高自尊心和自信心，抑制焦虑和抑郁情绪。

舒茨发现，在人际交往过程中，需求强度不同的个体会表现出不同类型的人际行为。包容的需要会产生包容行为，支配的需要会产生支配行为，情感的需要会产生情感行为。一般情况下，每种需要的表现都有一个最适宜的水平。包容的需要过强的个体会产生超社会行为，特征是过度爱表现，倾向于寻求别人注意；包容的需要过弱的个体会产生低社会行为，特征是持续地退缩，避免和人建立联系。控制的需要过强的个体会产生独裁行为，特征是好支配控制他人，喜欢为他人作决定，且不愿或者不能接受他人支配和控制；控制的需要过弱的个体会产生拒绝行为，特征是拒绝权力和责任，喜欢当配角，受他人控制或支配。情感的需要过强的个体会产生超个人行为，特征是占有欲过强，一旦建立友谊就会死死看住朋友，阻止他与别人交往；情感的需要过弱的个体会产生低个人行为，特征是表面友好，但实质上却总是与他人保持一定距离，避免有情感卷入。

## 社会渗透理论

人际关系的走向与个体自身沟通能力和个体间的沟通状况有着极为密切的关系，欧文·奥尔特曼以及达尔马斯·泰勒用社会渗透理论来说明自我表露在发展友谊等亲密关系上的作用。自我表露也称开放自我，它是个体间交流的一种特殊形式，它是个体与他人分享隐秘信息与感受的过程。根据分享内容的不同，可以将自我表露分为描述性表露和评价性表露。其中，描述性表露主要是透露给对方一些关于自己的事情，提供事实性信息。评价性表露是透露给对方自己对其他人或事的观点和感受，提供情感性信息。

人们进行自我表露的动机各不相同，有人总结了五个方面：① 宣泄，有些个体自我表露的目的主要是为了宣泄自我感受，排解内心的压力；② 自我澄清，个体期望在分享经历的过程中进一步了解自己，厘清当前的混乱思路，增强对自我的觉察；③ 社会确认，有些个体试图通过自我表露，观察对方的反应，从而判断自己的观点是否正确和恰当；④ 社会控制，有些个体通过有意表露某些信息达到印象管理的目的，比如，借助主动示弱来博取同情；⑤ 发展关系，个体进行自我表露的目的主要是通过表露私密性信息，表达和体现自己对他人的信任和亲密，从而使关系得到更好发展。

对个体而言，自我表露也存在着一些风险。比如，如果对方根本没有兴趣了解自我表露者，就会对自我表露者的自我表露无动于衷，表情冷淡，令自我表露者处于尴尬地位。有时候表露的自我信息由于传递了某种内隐的不被对方认同的价值观念，可能会由此导致他人对自我表露者的排斥。别有用心的人甚至可能会利用自我表露的信息伤害或控制自我表露者。最为糟糕的是，当自我表露者要求对方对表露的自我信息保密时，这种信赖有时会被出卖。基于对这些潜在伤害的担忧，人们有时候会隐藏自己的真实想法和感受，成为团体中的防卫者或沉默者。

一般来说，当关系由浅入深时，人们会表露更多的个人信息。这是社会渗透的深度、维度。当关系发展时，自我表露的内容也会变得更宽，人们会谈论更广泛的话题。但是，这种表露的深度和广度不是直线增加的，其中有循环和倒退，随着话题由浅入深，人们之间的关系也由一般向亲密转化。为避免由于表露太快或太慢而引起的消极反应，个体通常选择渐进的、渗透式的自我表露方式。这个过程一般分为三步：第一步，一个人首先将自己的情感和私人信息透漏给他人，形成亲密关系的过程就开始了；第二步，倾诉者等待和观察倾听者的反应。如果在互动过程中，倾听者对倾诉者的自我表露报以同情和温暖，那么倾诉者将会继续表露更多的信息。如果倾听者没有给予积极回应，或者出卖了倾诉者，那么两人之间的关系将会出现倒退。第三步，倾诉者感激倾听者的关心。自我表露本身不会创造亲密，作自我表露的人必须感觉到倾听者对自己的观点是接受的、理解的，这样才能增强彼此的信任感和情感上的密切程度。

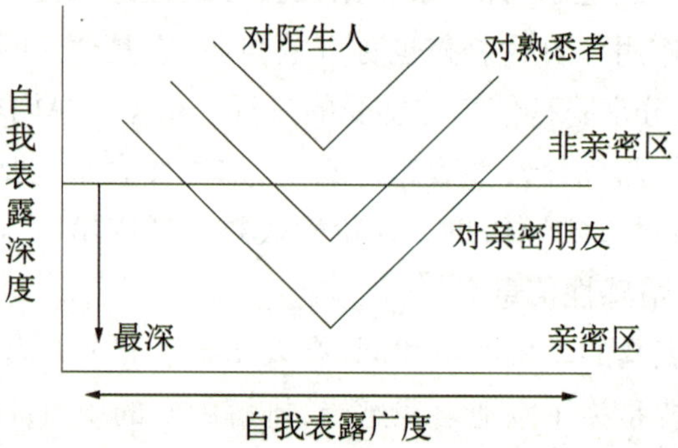


自我表露变化示意图

## 人际沟通之语词沟通

借助于语词表达参与的信息交流，在意义上损失最小，最具准确性，利用语词开展的沟通具有任何其他交流方式所无法比拟的优越性。所谓语词沟通，就是“以语音为物质外壳，以语词为材料，以语法为结构规律而构成的社会上约定俗成的符号系统”。语词沟通可以使沟通过程超越时空的限制，既可以通过文字记载来享受先人创造的优秀成果，又可以借助文字将当代人的经验传留给后世。语词沟通从类型上看，又可以分为口头语词沟通和书面语词沟通两大类。

## 口头语词沟通

口头语词沟通简称口语沟通，是日常生活中发生最为经常的沟通形式，应用最广，收效最快。交谈、讨论、开会、演讲等都属于口语沟通方式。其信息过程一般为：信息发出者在说的过程中积极地思维，进行信息编码，筛选出对方最容易理解的词汇和句法，输出信息。而信息接收者在听的过程中同样要积极思考，并进行信息编码，筛选出有用的信息加以储存，并随时进行反馈以完成相互沟通。

口语沟通中，沟通者之间相互作用充分，信息量也很大。一般的信息的交往和沟通，9%以书面写作形式进行，16%以阅读形式进行，其余75%则分别用以听取别人和自己说话的交谈方式进行。由于口语沟通信息的保留全凭记忆，不容易备忘。同时在沟通过程中沟通者对说出的话没有反复斟酌的机会，失误也是最多的。因此，在正式的场合，人们常常采用口语沟通和书面沟通相结合的形式，以达到最佳表达效果。

在人际沟通过程中运用口语交际还需注意基本的语言礼仪，它直接关系着我们交往的成败。无论是政治交涉、军事谈判，还是商业往来、百姓聊天都必须用语言去表达自己的观点和看法，谈话艺术和语言风格就格外重要。在现代交往礼仪中，语言的艺术也备受关注和重视，一则语言得体，谈吐高雅可以显示一个人良好的个人修养；二则语言风趣，幽默睿智能够及时缓和气氛，使谈话双方都感到快乐。语言礼仪的关键就是让双方感到舒心，让对方有受尊重的感觉，让自己有受肯定的体会。

## 书面语词沟通

书面语词沟通是借助于语言文字材料实现的信息交流方式，如书信、通知、广告、文件、公函、报刊等沟通形式。在缺乏面对面的接触或远程通信设施的情况下，书面语词沟通便是传递信息非常有价值的途径。书面沟通由于不受时间、空间和地域的限制，书写时可以充分考虑语词选择的恰当性，能详尽、丰富地表达叙述者的意见和情感。

书面语词沟通从效果上看可以分为两方面内容：一是文字书写。虽然在生活中不能以书法家的标准要求书写者，但文字书写的美感、力道、圆润、架构等好坏从某种程度上代表了一个人的文化水平，良好的文字书写能力可以给人好第一印象和美的享受；二是语言艺术表达。文如其人，书写的语言优美、风格俊雅能很好地体现了一个人的思想文化水平和语言能力。尤其在现代信息社会，计算机的普及使得语言沟通的文字书写日渐淡化，机器打印代替手工书写。基于此，书面语词沟通的艺术表达就显得格外重要，很容易让人通过书面语词能力来判断一个人的整体水平和综合素质高低。

## 人际沟通之非语词沟通

几乎一切非语词的声音和动作，都可以用作沟通的手段。这就意味着非语词的行为和动作在人际交往中必不可少，尤其是在特定环境下判断他人的情感和态度方面，非语词行为甚至有着无可替代的重要性。广义的非言语沟通是指运用除言语之外的所有其他渠道传递信息的沟通方式，它不仅仅指无声，还包含有声的辅助语音等。有学者认为，“非言语沟通，又叫非语词沟通，是借助于非语词符号如姿势、动作、表情、接触及非语词的声音和空间距离等实现的沟通方式。”尽管上述两种观点不尽相同，但基本内涵差别不大。

根据沟通过程中信息的传播途径不同，非言语沟通可以分为如下三类：① 通过听觉接受刺激的非言语沟通，如音色、类语言、环境响声等；② 通过视觉接受信息的非言语沟通，如动作、外貌、物体的运用、距离等；③ 通过其他途径接受信息的非言语沟通，如时间、气味、环境等。卡克·W·贝克在《语言的沟通》一书中主张将非言语行为分为三类：即无声的动姿（如点头、手势等）；无声的静姿（如静止的体态和人际距离等）；有声的辅助语言和类语言（如音调、音量、呻吟、叹息等）。

## 目光

人际沟通中，人们可以控制自己的语言、姿势和动作以适合当时环境的需要，但很难控制自己的目光。观察力敏锐的人可以从他人的眼睛读懂其内心的真实状态和情绪变化。一般而言，在交流开始之前用真诚的眼神注视对方可以为谈话建立良好的信任关系，交谈之中也可以通过对方目光和眼神的变化了解对方是否对所谈话题有兴趣，是否理解所说内容，并适时调整交流的方式和内容。

人的情绪变化会反映在瞳孔的改变。当谈到一个感兴趣的话题，看到一个新异的刺激时，瞳孔会不自觉变大。反之，当人们看到厌恶的刺激物时，情绪变得不愉快和厌烦时，瞳孔明显缩小，并伴有不同程度的皱眉。目光接触是最为重要的身体语言沟通方式之一。

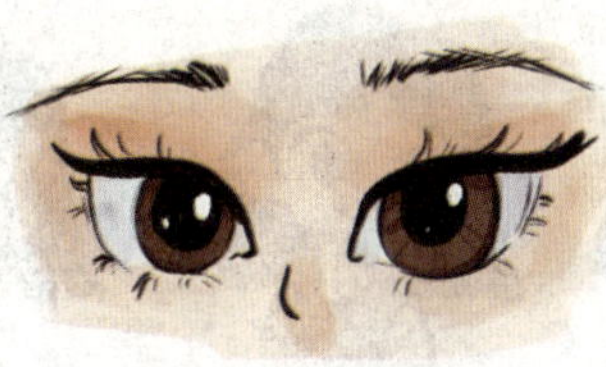

人际沟通中若缺乏了目光接触的支持，那沟通将变得令人不快和困难。最通俗的例子就是如果与一个戴着深色墨镜的人交谈，会让人内心有莫名不舒服体验。因为墨镜阻断了目光的接触，使沟通失去了一个重要的信息交流途径，容易使交流成为一个冰冷而没有感情投入的过程。但如果对方是因为必须要佩戴墨镜，人们了解了这个必要的需求时，就能一定程度缓释内心的不舒服体验。

## 表情

日常的人际沟通过程中，表情是人们运用较多的身体语言沟通之一。借助面部表情，人们可以表现出对事物的肯定与否定、接纳与拒绝、积极与消极等情绪状态。通常情况下，人们的目光和表情是相一致的，共同反映着人的内在心理状态，如高兴时眉开眼笑，忧愁时眉头紧锁，愤怒时咬牙切齿，惊恐时屏息敛气等。但由于表情可以随意控制，并变化迅速，所以它有时不像眼睛传递内心情绪状态那样一致和真实。由于人们往往易于被表情吸引，而忽视眼神的细微变化，也很容易导致信息背离，判断错误。

研究发现，面部肌肉在任何一种表情上都是整体配合，但某些面部肌肉对于表达特殊情感具有特殊的作用，如眼部肌肉、口部肌肉和面部肌肉是面部最富有表情的部位。一般而言，当表现厌恶情绪时关键部位是眼和嘴；当表现哀伤情绪时关键部位是眉和额；当表现恐惧情绪时关键部位是眼睛；当表现蔑视情绪时的关键部位是鼻和嘴等。为了证明面部肌肉确实与表情有着密切的关系，通常情况下是采用面部表情识别实验。也就是向被试者呈现各种表情的人头照片，让他们判断是何种情绪。吉特等人研究了识别不同情绪的表情照片的难易程度，结果发现：最容易识别的是快乐、痛苦；其次是恐惧、悲哀；最难辨认的是怀疑、怜悯。

随着互联网的普及，人与人之间面对面的沟通逐渐减少，有些网络对话和聊天时，文字不能完全表达心情感受，一些人便想到了用文字、数字符号来传递情感。通过这些充满想象力的表情符号，对话和聊天就显得生动活泼、意味深长，具有特殊的功效。在这种无法面对面的交流沟通中也增添了个性化的情感色彩。

## 身体姿势

在人际沟通中，手势不仅可以加强语气，而且还可以赋予静态语言以动态感。二战时期，当时的英国首相邱吉尔做出“V”字手势，成为世界上广为流传的代表胜利的手势语。对人类手势研究表明，在某种程度上，决定手势方式的是文化因素，而不是生理遗传因素。不同文化背景下的人在表达同一概念时，手势会有很大差别。一般而言，人们常见的手势有上举、下压、平移等几类，各类又分单手、双手，每种又可作拳式、掌式。比如，摆手表示制止或否定，双手外推表示拒绝，双手外摊表示无可奈何，搓手和拽衣领表示紧张，竖起大拇指表示赞赏夸奖，翘小指表示蔑视贬低等。

姿势是一种无声的体态语言，它是反映一个人态度的重要方式，同时也是一个人内在修养的外在表现。如果一个人谈话时坐姿比较规范、腰板挺直、身体前倾，这就表达出尊重的态度。如果一个人坐姿后仰，跷腿而坐，则流露对谈话似乎不太在意的样子。同样，只要观察听者或观众的姿势，就可以大约判断出演讲者的发言和内容是否吸引听众。

姿势还有一些相对固定的通用范式，被用于强调礼仪的情境。比如，交谈中，坐姿端正、自然、大方，上身挺直，可以靠在座椅上，但不可躺在沙发或椅子上。男性坐时可以双脚并拢或稍分开，不可两脚一伸，斜靠斜躺。女性小腿可交叉或略回收，但不可直伸出去。如果身着裙装，则宜双腿并拢，斜向身体一侧。同样，无论男女在室内行走，最好不穿带有鞋钉的皮鞋，以免发出声响干扰他人。在公众场合指手画脚、当众伸懒腰、打哈欠、挖鼻孔、掏耳朵、剔牙齿等都是不合时宜的。

由于人的有些身体姿势不是偶然出现，是伴随着相关情绪和态度的习惯性行为动作。因此，一些身体姿势也可以看作是世界性的沟通语言，跨文化、跨国度的人际沟通有时可以借助姿势来实现。

## 触摸

触摸被认为是人际交往中最有力、体验最深刻的方式,主要有握手、亲吻、拥抱以及拍肩膀等。从出生到成人,每一个人都有被触摸的需要。因为对舒适的触摸人会感到愉快,而且还会对触摸对象产生情感依恋。人与人之间的相互理解、隔阂消除以及深厚的情谊,也常通过身体接触才能得到充分表达。比如,父母对孩子的触摸有利于发展母子之间的情感,恋人之间适度的身体接触会促使双方的情感依恋增强,老师对学习者的肩膀或头部的触摸有利于建立师生之间的信任和增强学习者的自信,久别重逢的老朋友和同学身体拥抱能更好体现相互的亲热和无间的情谊等。

通过触摸行为往往能反映出彼此人际关系的亲疏程度及社会地位的高低状况。但是需要注意的是触摸行为本身具有明显的文化相对性和性别差异性。不同文化背景的国家、民族,不同性别之间往往有不同的习惯和禁忌。在西方社会,熟人相见亲吻、拥抱司空见惯,在东方则以握手居多。

就握手而言,握手的力量、姿势和时间长短往往能表现出不同礼遇和态度,暴露自己的个性,给人留下不同的印象。不同握手方式常常能反映出一个人的个性,

如握手有力道的人一般热情、主动性强且充满自信。握手敷衍、应付了事的人一般待人冷淡、行为随意或礼节素养不高。尤其值得注意,握手是人际沟通中一项非常重要的礼仪,是在相见、离别、恭贺或致谢时相互表达情意的一种礼节。就握手这种礼节而言需要注意以下几点:其一,握手的顺序。主人、长辈、上司、女士主动先伸出手,客人、晚辈、追随者、男士再相迎握手。其二,握手的方法。握手时,距离受礼者约一步,上身稍向前倾,两足立正,伸出右手,四指并拢,拇指张开。一般来说,平等而自然的握手姿势应是两手的手掌都处于垂直状态,不宜朝下和朝里。其三,握手的注意事项。握手时应伸出右手,不能伸左手与人相握,因为有些国家的习俗左手是脏的。如戴有手套应先脱下来,女士可以例外。另外,握手时眼睛一定要平视对方,切忌东张西望,心不在焉。握手的力度不能太轻,也不宜太重。握手的时间以1~3秒为宜,不可握住对方手长时间不放。尤其值得注意的是:多人相见不要交叉握手,更不要拒绝对方主动握手的请求,这都是无礼的。恰当的握手,可以向对方表现自己的真诚与自信,也是接受别人和赢得信任的契机,值得引起关注和重视。

## 人际距离

对于人际沟通而言,人与人之间的空间距离(位置)是十分微妙的。虽然它没有像表情那样反映出喜怒哀乐,没有像动作、姿势那样明显表现出倾向性,但它却真实地表达出人与人之间的关系的亲密程度。每一个人都有自己独有的空间需求,不同层次的交往会有不同的空间距离。霍尔将人们活动是空间由近及远分为四个层次:亲昵区、个人区、社交区、公众区。一般而言,夫妇、恋人处于亲昵区,朋友处于个人区,熟人交往处在社交区,一般公开交往处在公众区。

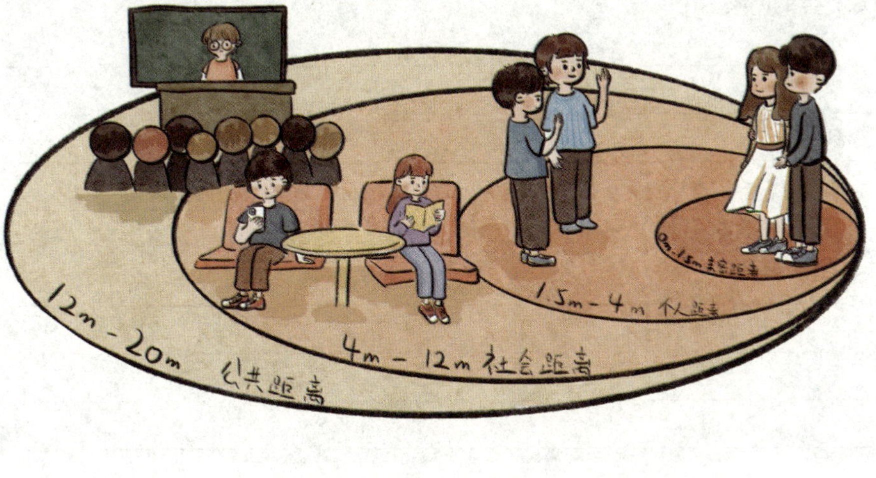

## 本章小结

人际沟通的必要性无须多言，但人际沟通的实践能力对很多人来说都值得不断提升，游戏化的学习让我们可以在轻松自然的环境下，更加愿意开展人际沟通，不知不觉的变化带来的影响最佳。

## 附件

**学习者心得参考模板**

时间：______年______月______日

教学周：____________________

天气：____________________

地点：____________________

**课程(项目)名称**________________________

同行者：

________________________________________

________________________________________

________________________________________

________________________________________

谈谈我的感受：

________________________________________

________________________________________

________________________________________

________________________________________

回顾我的表现：

________________________________________

________________________________________

________________________________________

________________________________________

回想同行者的表现：

________________________________________

________________________________________

________________________________________

________________________________________

我的收获与思考：

________________________________________

________________________________________

________________________________________

________________________________________

# 第五章　让我们从团体到团队

大家都知道团队的力量是 1+1>2 的，现代社会也都非常强调团队合作。

无论是企业还是科研，无论是课堂还是田野，团队的力量无处不体现，但人们并不是生来就具有团队合作的意识和能力。

很多人知道团队合作重要，但很可能也仅仅是知道，如何做到，需要经历从认识到行为的统一。

一群人聚集在一起，就算是想要朝着团队方向去发展，起头也不过是一个团体；就算是共同制订了一个目标，也只是团队的起点，真正达成的过程也许并不会一帆风顺，一个真正有效、协作共赢的团队，是需要不断地磨合和稳固关系，最终到达团队的稳定阶段。

让我们携手，通过一系列的活动，从团体走向团队吧！

# 活动区

## 活动1：团队目标大讨论+团队文化建设

### 带领者思路

一群人必须有共同向往、计划一起协作达成的目标才能可能称之为团队。没有目标的团队，只是口头上的、名义上的，不是真正的团队。当一群人有组建团队的想法，却还没有一个明确的目标时，每个人都可以提出自己的想法，通过讨论和决策来最终确定一个目标，这一个目标能吸引着大家，想要去实现它，促使大家通过努力，在共同的成长过程中体验磨合冲突和规整，从一个初生的团队，慢慢发展为一个稳定的成熟的团队。训练团队合作能力，也常常会采用这样的路径，目标讨论与文化建设是团队建设的起点。

“团队的核心——领导者还是追随者？”好的领导者似乎可以带领团队，有些人很希望自己能遇到好的领导者；可是好的领导者也会感叹，如果有好的追随者，自己就不会那么辛劳，而且团队能够走得更远。追随者是一个主动的概念，可以选择去追随，也可以选择去抛弃。追随值得追随的人，在必要时也可以转换身份做临时的领导者，才是出色的追随者吧。

“目标导向——未来指导当下，每个团队不一样”。团队最初一定要有一个共同追寻的目标，那是一个在未来可以看见成果的东西，也是真正凝聚团队的核心内容。有团队追求轻松舒适，有团队追求内省自律，也有团队追求其他，各有特点，各不相同。

### 活动实际操作

#### 1. 预设目标

※ 体会人人皆可为领导者的理念。

※ 感受不同目标对于不同个体的吸引力差异。

※ 在团队文化建设过程中发现他人潜藏的能力与价值。

#### 2. 场地要求

※ 室内为宜。

※ 桌椅可移动为宜,智慧教室更佳。

※ 墙壁有可以贴东西的白板更佳。

### 3. 活动道具

※ 便利贴几张/人,A4纸几张/人,60 cm×80 cm海报纸两张或者适合写字绘画的纯色旗布一块/组,铅笔、写字笔、彩笔若干/组,视实际人数组数配备。

### 4. 参与人数

※ 一般要按照场地容量和带领者数量合理安排总人数。

※ 如仅有一位带领者,总人数不超过60人为宜。

※ 本活动必须分组进行。

※ 小组人数10~15人最佳。

※ 多个小组同时进行,有一位总带领者,且每组配有一位辅助带领者为宜。

### 5. 体验时长

※ 总时长90分钟。

※ 带领者说明活动要求约5分钟。

※ 团队目标讨论30~40分钟;团队文化设计30分钟,成果展示15~25分钟。

### 6. 操作步骤(带领者)

#### 第一阶段:活动要求说明及体验之团队目标提出及讨论

假如你要组织一个团队,人数大约是10~15人,你们要在一个限定时间内(比如一个学期或者半年)共同实现一个目标,你会想要设定怎样的内容?这个目标必须要团队合作达成。请思考并在便利贴上写下来。(如果在本次活动前有前置课程,也可以将目标思考在上一次就提出,给出充分的思考时间。)

请将你写好的目标贴墙壁的白板上。(在人数较少,比如只有十几人时,可以让每个人将自己的目标口头说明一下)

请仔细阅读其他人写的团队目标,并从全部目标中,选出三个你想要确定的,各投一票。(在目标便利贴纸旁画正字)

根据投票排序后,按照全部人数大约能形成的组数确定最终保留目标为几个。可以让这些目标的提出人再次说明一下自己的设想。

补充说明:即便是自己提出的目标,也可以自己不担任队长让给别人;即便自己的目标没有被很多人选中,不得不加入到其他目标团队,但也可以尝试把自己的目标带入或者交叉进他人的目标设定中;不要轻易放弃自己想要实现的目标,也要努力尝试成为一个团队的领导者。

### 第二阶段：团队文化设计及成果展示

请每个团队坐在一起，重新明确团队目标，选出队长、副队长等一系列团队内职务。

根据团队目标，在限定时间内（30～40分钟）设计队名、队旗（主要是队徽设计）、队训（口号）、队歌（曲可以借，词必须原创，至少要有不少于八句完全不充分的内容，建议是一个完整的曲段，否则唱出来也没有那么好听），并进行展示练习。

展示要求为队长带领全体队员面向其他学习者，展开队旗。首先，队长说："我们的队名是"，全体队员回应"×××队"；然后，队长说："我们的队训是"，全体队员回应"××××，××××"；接着，队长说："我们的队歌，预备，起"，全体队员一起唱队歌（第一次看着歌词唱是可以的）。最后，队长或者队徽的主要设计者向其他学习者解释说明队徽设计思路和寓意。

**学生团队目标成果图：初音未来专辑封面**

在展示环节，一定要认真聆听其他团队的展示和介绍，不要为了准备自己团队的展示，就忽视了倾听的必要。认真听是对他人的尊重，同样，也会收获他人的尊重。

### 第三阶段：总体分享切入点及引导问题

一般来说，团队目标讨论和团队文化建设的环节可以不用分享，也基本不够时间。但亦可留下引导问题，让大家在体验结束之后，继续思考。同样，也可以简要地反馈过程中观察到的一些细节，促进大家的认识。

**引导发现情绪感受**

- 在思考目标的时候，你的感受是怎样的？激动、兴奋、迷茫还是其他？

- 看到别人提出的目标时，你的感受是怎样的？
- 你的目标被很多人支持，你的感受是怎样的？
- 你的目标支持者不多，你的感受是怎样的？
- 在团队文化建设过程中，你的感受是怎样的？
- 看到团队文化建设成果时，你的感受是怎样的？
- 对自己或对队友有什么新的发现？
- 唱着自己创作的队歌是怎样的心情？

**反馈观察结果**

有些人对自己提出的团队目标非常有热情，而另一些人似乎并不是特别有明确的想法。有人很坚持自己的目标，无论如何自己这一票不能丢，有些人看到别人的目标时更喜欢，马上就可以抛弃掉自己提出的那一个。

在团队文化建设中，有一技之长的（比如，会画画的同学），闪光点骤然被全场看见，但另一些同学似乎就有一些阶段性游离。直到出现了分工，比如，有些人设计队徽，有些人找曲，有些人填词，有些人想口号，这样就使得大部分人的能力都能适当展现，分工使得合作变得更凸显，也更加有团队的感觉。

**倡导链接生活**

生活里有太多内容要求我们具备团队合作的意识和能力。把头脑中的团队合作转化到现实并不是一蹴而就的，而是要通过一而再再而三地磨合与训练。在日常生活里，你经常做领导者还是追随者？你是否有想要实现的团队目标？你是否能坚持？你是否会轻易放弃或改变？你知道自己具备怎样的有利于团队合作的能力或特点吗？如果有些问题还没有明确的答案，尝试在生活里体会、反思并回答。

**撰写心得体会**

体验时间总是有限的，但是体验带来的心得可能是丰富的却没有能够及时表达出来的。所以，强烈建议学习者结束后，将体验和反思后的心得撰写下来，这样会更加利于巩固学习收获。

## 活动2：心有千千结

### 带领者思路

一群人根据简单的规则，用肢体打出交错的结。而后要通过群体内部有效沟通、通力合作就能将结打开。过程可能很曲折，甚至很多人在一开始并没有信心，但是最终打开的结果,会令人们更加喜悦。游戏恰恰体现出,生活中很多结是人们自己打出的心结,所以也需要通过积极有效的沟通与合作共赢的思路来将其打开,从而获得舒畅的生活。这一活动适合用于团队初期体验,合作中体会沟通的必要以及成功的喜悦,也可以用于团队中期的团队磨合和巩固。

## 活动实际操作

### 1. 预设目标

※ 体会问题解决过程中沟通与聆听的重要性。

※ 感受团队合作过程中,每一个人的必要性。

※ 探索和体验如何有效沟通与团队合作。

### 2. 场地要求

※ 室内外均可。

※ 室内需要较为宽敞的空旷空间,室外操场、广场或者草坪均可。

### 3. 活动道具

※ 无。

### 4. 参与人数

※ 一般要按照场地容量和带领者数量合理安排总人数。

※ 如仅有一位带领者,总人数不超过60人为宜,如果人数众多,需要为带领者配备扩音话筒。

※ 本活动必须分组进行。

※ 小组人数10～15人最佳。

※ 多个小组同时进行,有一位总带领者,且每组配有一位辅助带领者为宜。

### 5. 体验时长

※ 总时长35～45分钟。

※ 带领者说明活动要求及演示约5分钟。

※ 学习者体检时间15～20分钟;分享讨论时间15～20分钟。

### 6. 操作步骤(带领者)

#### 第一阶段:活动要求说明及体验

请每组学习者手拉手面向彼此围成圈。

仔细听带领者传达的指令。请记住你的右手拉的是谁的左手,你的左手拉的是谁的右手。请务必记清楚,然后松开手。

请学习者在组内围成的圆圈圆周上任意调换位置，使得原先相邻的人改变位置后不相邻。

面向圆心，先伸出你的右手，握住最初抓住的左手，注意不要握错手。然后，在不松开手的情况下，想办法把结解开。还原成最初的那个圆或两圆互锁的八字，就是最终结果“打开”。

补充说明：如果学习者是已经有过磨合的成员，此次体验为了加深他们的磨合，可以不用补充说明的内容。但如果是较为初期的群体，为了让他们有更加顺利的成功体验，可以添加补充说明。即，如果过程中有10分钟都处于没有任何进展的状态，可以要求获得一次“奇迹”，即带领者可以让任意两个相握的手松开变更交错重新握住，然后继续完成游戏。但必须全组学习者都同意获得“奇迹”，如果有一人认为还可以坚持再看看是否能解开，都要尊重其意见。是否选用，由带领者自行决定。

### 第二阶段：讨论分享

请每个团队围坐在一起，交流刚刚体验过程中的感受。每个人都要表达，最好是随机，如果大家都比较被动，则可以从每个团队的带领者的右手边或左手边开始。如果整体只有一个带领者，则需要带领者指定一个团队内的起点。

队内分享结束后，每个团队派一名代表，向全体分享队内分享讨论的结果。

**分享切入点及引导问题**

一般来说，一开始分享，可以自由发挥，不用提供引导问题。然后再给每个团队提供引导问题，对没有提及的内容可以进行补充分享。

**引导发现情绪感受**

- 在看到最初的结时，你的感受是怎样的？
- 在看到最初的结时，你觉得困难吗？
- 游戏过程中你的感受有没有发生什么变化？
- 看到结果时，你的感受是怎样的？
- 很长时间都没有进展时，你的感受是怎样的，你想到了什么？

**反馈观察结果**

有些人一开始就面露难色，对“解开”不太确信。有些人则相对比较淡定，认为可以。还有一些人有点茫然，就是跟着节奏走。

过程中很快就有人开始指挥大家，通常是站在解开机会比较大的位置的同学，也有时候是好几个人都在指挥。有些被困在很紧凑的结里的人会很茫然，大多数情况下处于被指挥的状态。

有些人坚持了很久困难的姿势，但依旧不放弃，也有些人会想要偷偷地松缓一下。

有些人想要获得“奇迹”来加速进程，但是另一些人还是要再努力一下。这时就由分歧双方的人数多寡和坚持程度来影响决策结果。

有些团队很快就解开了，这跟打结的随机性有关。有些团队很久才能解开，虽然过程会感觉很疲惫，但是解开的时候很兴奋。反而很快就解开的团队如果就此打住，热情很快就会消散。有些团队解开后，旁边依旧困在一起的团队也可能会有压力和焦虑，这种不自觉的竞争意识也值得关注并讨论它带来的影响。

**倡导链接生活**

人与人之间，有时候也会有心结，而且也是彼此结出来的。对解开，始终存有信心，持续地沟通，表达出自己的茫然，自己的困难，指出自己看到的方向，给出解决思路，再互相配合，就有可能打开。

## 活动3：时空之门

### 带领者思路

轻巧的呼啦圈不仅可以健身，还可以用来把一群人带入一个“时空通道”。每个人高矮胖瘦都不同，反应速度也不同，有时候通过不断地练习提升了团队成员的默契程度，自然而然就感受到了合作的力量。同时，在面临一项任务时，关注如何做到自我超越，而不仅仅是在竞争中获胜，也有可能带来更好的结果。一定程度的“去竞争”意识，注重自我超越，有时候更有利于团队合作。这一活动适合用于团队初期体验，合作中体验沟通的必要以及成功的喜悦，也可以用于团队中期的团队磨合和巩固。

### 活动实际操作

#### 1. 预设目标

※ 在不断练习中促进团队合作。

※ 通过不断磨合提高配合的默契。

※ 自我超越与“去竞争”思考。

#### 2. 场地要求

※ 室内外均可。

※ 室内需要较为宽敞的空旷空间；室外操场、广场或者草坪均可。

### 3. 活动道具

※ 轻便、可携带或可拆卸呼啦圈(见下图)。

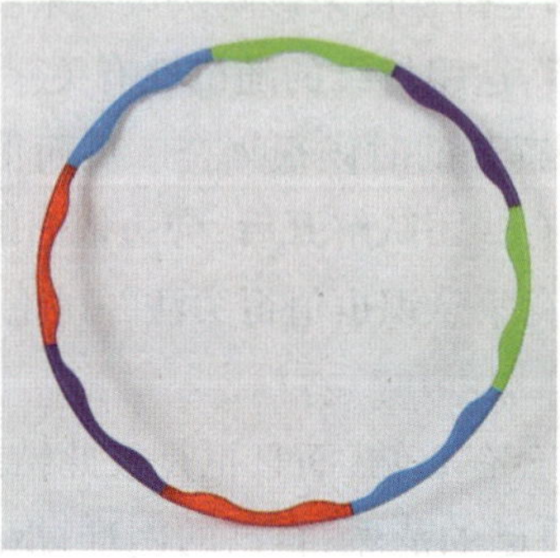

### 4. 参与人数

※ 一般要按照场地容量和带领者数量合理安排总人数。

※ 如仅有一位带领者,总人数不超过60人为宜,如果人数众多,需要为带领者配备扩音话筒。

※ 本活动必须分组进行。

※ 小组人数10~15人最佳。

※ 多个小组同时进行,有一位总带领者,且每组配有一位辅助带领者为宜。本活动亦可每个小组中抽取一位作为其他小组的计时员和观察员。

### 5. 体验时长

※ 总时长35~45分钟。

※ 带领者说明活动要求及演示约5分钟。

※ 学习者体验时间15~20分钟。

※ 分享讨论时间15~20分钟。

### 6. 操作步骤(带领者)

**第一阶段:活动要求说明及体验**

请每组学习者围成圈,将呼啦圈挂在任意一个人的手臂上,此处即为"时空之门"的起点,同样也是终点。

小组全体学习者在不松开手的状态下,让呼啦圈从起点依次穿过每个人的身体抵达终点,即为完成。每个小组的观察员记录起止时间。

首先可以小组自由练习,直到认为可以进行挑战,则请求观察员协助计时。观察员仅协助计时,以及对于危险行为进行阻止。

一圈完成后,观察员向小组反馈时长。小组共同商讨如何缩短穿越"时空之门”的通过时间，并拟定新的时长目标进行练习或直接挑战。观察员协助计时。

如果同时有若干小组进行挑战，达成自己终极目标的小组不可干扰其他小组。可以远远地观看他人挑战，等待最终结束。

### 第二阶段：讨论分享

请每个团队围坐在一起，交流刚刚体验过程中的感受。每个人都要表达，最好是随机，如果大家都比较被动，则可以从每个团队的带领者的右手边或左手边开始。如果整体只有一个带领者，则需要带领者指定一个团队内的起点。

队内分享结束后，每个团队派一名代表，向全体分享队内分享讨论的结果。

**分享切入点及引导问题**

一般来说，一开始分享，可以自由发挥，不用提供引导问题。然后再给每个团队提供引导问题，对没有提及的内容可以进行补充分享。

**引导发现情绪感受**

- 一开始听到规则介绍时，你的感受是怎样的？
- 练习过程中，你觉得困难吗？
- 游戏过程中你的感受有没有发生什么变化？
- 哪一个目标达成时，你的感受最强烈？是怎样的感受？为什么？
- 过程中看到其他团队顺利或者时长很短时，你的感受是怎样的，你想到了什么？

**反馈观察结果**

大多数人并不会觉得“时空之门”困难，但练习的进展不顺利的时候，有人会显得比较焦躁，尤其是看到其他团队比较顺利时。

有些团队出现了领导者，或者说主动提出建议的人，把自己想到的姿势方案告诉大家，全体积极尝试练习，另一些团队则没有明显的建议者，但大家通过观察他人的身体语言也渐渐多了一些相似和默契。

在设定目标时，有些人有较高的成就动机，另一些人则无所谓。

在团队之间出现时长差异时，有人想要超越他人，成为积极投入的动力，也同时成为一种压力，另一些人则更重视自己的目标是否达到，并不在意是否一定要比别人快。

**倡导链接生活**

在生活里，只要我们和他人同时进行同样的项目，竞争似乎就在不由自主中出现了，就算很多人并不觉得自己一定要超越他人，但也不愿意落后于他人，所以他人的成就会带来扰动，让有些人不能专注于自己的步伐。有时候，适当的刻意“去竞争”也许有助于我们达成自己的目标。我们不能完全回避竞争，合理的比较也是促进人前进的动力。

## 活动4：蚂蚁军团(翻叶子)

### 带领者思路

“我们是团队，一个都不能少”。有时解决问题过程中资源似乎不充分，此时会觉得如果没有这么多同行者，反而问题容易解决。但是，伙伴并不是你需要时如影随形，不需要时烟消云散的。一路同行队友，是不能被放弃的。

“尺固有所短，寸有所长”。高大的人似乎占据更大的空间以及更多的资源，矮小的人似乎不容易看到拥挤空间里的全局，单薄瘦弱的人似乎缺乏必要的力量。可是，在有些任务里，我们既需要稳稳的“砥柱”，也需要灵活的“操盘手”，还需要轻盈的“配合者”。每个人都有他/她未曾被发现的潜力。

“不识庐山真面目，只缘身在此山中”。在有些挑战中，每个人似乎都不能看到其他人具体在做些什么，只有最邻近的人之间似乎有相似的体验。虽然我们有言语沟通系统，甚至会在过程中有身体感知，但是突发情境下的反馈沟通意识和机制都非常地匮乏。

“付出汗水的收获，似乎更美好”。在这个项目里，大多数人的肢体动作幅度都不大，但却常常能看到汗流浃背，能感受到肢体酸痛。因为要一个都不少地闯过此关，所以我们会竭尽所能地释放身体与智慧的力量。

当不可思议的结果出现时，“蚂蚁军团”的欢呼响起，汗水滴落，笑容灿烂。

## 活动实际操作

### 1. 预设目标

※ 体会人人皆可为领导者的理念。

※ 感受差异带来的资源和力量。

※ 体会“不抛弃、不放弃”“坚持就是胜利”的合作过程。

### 2、场地要求

※ 室内为宜，避免有人围观带来干扰。

※ 有较大的空旷空间，木地板地面为宜。

### 3. 活动道具

※ 按照8人用1 m×1 m软布道具；12～14人用1.5 m×1.5 m软布道具；视实际人数、组数配备专门道具。

### 4. 参与人数

※ 一般要按照场地容量和带领者数量合理安排总人数。

※ 如仅有一位带领者，总人数不超过40人为宜。

※ 本活动必须分组进行。

※ 小组人数8～12人最佳。

※ 多个小组同时进行，有一位总带领者，且每组必须配有一位辅助带领者(可从学习者中抽取，主要承担保护工作)。

### 5. 体验时长

※ 总时长90分钟。

※ 带领者说明活动要求约5分钟。

※ 团队挑战时间40分钟。

※ 团队分享时间45分钟。

### 6. 操作步骤(带领者)

**第一阶段：活动要求说明及体验**

每个团队都拥有一块软布作为唯一道具。小组全体学习者都站到同一块软布上，然后听带领者讲这个项目的背景设定。

背景设定：你们现在化身蚂蚁军团，在行军过程中遇到了一条危险的河流。幸运的是，你们发现了一片非常大的树叶，足够全体站在上面过河。可是离开岸边不久，你们发现脚踩的树叶一面其实有毒，必须在限定时间内将脚下的叶面翻过来，才能保证安全。

从开始直到完成“翻叶子”的过程，所有“蚂蚁”都必须站在叶子上，并且所有学习者身体任意部位不能接触“河流表面”（地面）。

在挑战过程中，安全第一。如有全体倾倒的趋势，必须及时停止挑战。任意学习者如不慎落入“河流”（身体任意部位碰触地面），则全体停下重新站回初始状态开始挑战。

项目限时为40分钟，时间用完，挑战无论成功与否都结束。

### 第二阶段：讨论分享

请每个团队以软布为中心围坐在一起，交流刚刚体验过程中的感受。每个人都要表达，最好是随机，如果大家都比较被动，则可以从每个团队的带领者的右手边或左手边开始。如果整体只有一个带领者，则需要带领者指定一个团队内的起点。

带领者首先要进行引导，比如“刚刚完成了挑战，听到了大家的欢呼和掌声。现在，让我们为自己再鼓一次掌”。又或者“虽然最终挑战没有完成，但让我们为全体学习者的坚持不懈鼓掌。暂时不要去计较结果，我们先回味一下挑战过程中自己的感受”。

队内分享结束后，每个团队派一名代表，向全体分享队内分享讨论的结果。

**分享切入点及引导问题**

一般来说，一开始分享，可以自由发挥，不用提供引导问题。然后再给每个团队提供引导问题，对没有提及的内容可以进行补充分享。

**引导发现情绪感受**

- 一开始听到规则介绍时，你的感受是怎样的？
- 挑战过程中，你觉得困难吗？
- 你主要处于一种怎样的状态下？是否尝试改变这种状态？成功了吗？
- 游戏过程中，你的感受有没有发生变化？
- 你最强烈的感受是什么？为什么？
- 过程中看到其他团队相对顺利时，你的感受是怎样的，你想到了什么？
- 你在过程中处于什么样的角色？
- 如果可以选择，你想承担什么角色，为什么？
- 如果你是观察员，会给“蚂蚁军团”提出什么优化的建议？

**反馈观察结果**

大多数队伍很快就会出现一个“领导者”，这个人通常是负责“翻”的任务，因此他能“指挥”全体，但因为大家紧密地站在一起，他似乎也很难“指挥”。站在中间位置的学习者也会成为另一个“领导者”，因为他站在能看到所有人的地方，所以也可以承担“指挥”的功能。

也有些团队似乎始终没有出现一个或者若干“领导者”，大家都显得比较茫然，虽然在尽力互相配合，但进展却相对较慢。大家紧紧拉着彼此，汗水流淌在脸上，也是体现着全身心的投入。有人一直蹲在那里，一点点地揪着大家脚下的“叶面”，最后都不能顺利地站起来，非常专注，也非常辛苦，却没有一点不愉快。

过程中，有不同的意见和方案时，每个人的反应是不同的。有的人无所谓，有的人茫然不知所措，有的人总是想变换方法，有的人觉得坚持一种思路不变比较好。这时候如何达成一致，也是非常有价值的过程和体验。

**倡导链接生活**

当我们共同遇到一个问题，人多虽然力量大，但是人多也可能会间接造成资源不充分，这时候作为一个团队要如何来面对和解决问题？不同的人在不同的位置都能发挥非常大的作用，重点是匹配和沟通。如果有人能看到全局，但是有人却只能看到局部，那么看到全局的人如何让只能看到局部的人了解进程，依赖于有效沟通，但达成有效沟通并不是一件容易的事，需要不断地练习和磨合。在遇到困难时刻，保持积极的视角和坚定的信念，可能是保持团队合作的关键点之一。

**撰写心得体会**

体验时间总是有限的，但是体验带来的心得可能是丰富的却没有能够及时表达出来的。所以，强烈建议学习者结束后，将体验和反思后的心得撰写下来，这样会更加利于巩固学习收获。

## 活动5：冲出亚马孙

### 带领者思路

“这个挑战真的可以完成吗？”那么长的挑战距离，那么少的可用资源。虽然，每一次挑战都要朝向胜利去思考，但是“巧妇难为无米之炊”，真的可以完成吗？这样的疑惑，可能会出现在某些挑战之处，这并不是糟糕的事情。它显示了，在面对具体情境下，团队学习者们虽然满怀热情要成功，却有冷静思考的理性。

“不能发出声音的挑战，如何应对？”在挑战的过程中，及时地语言交流与反馈，常常能应急解决突发问题，我们也已经习惯了在遇到问题后，不断沟通协调改善最初的方案。但这次学习者们要在静谧中完成行动任务。这意味着提前要把方案构思更清晰，预判可能会发生什么问题，并且确定当问题出现时，要以其他什么非言语方式进行沟通。显然，挑战方案的实现需要每一个细节的控制。

“无间的洗礼夯实团队的亲密”。没有走完最后一步，真的不知道，原来是可以完成的挑战；在看到问题时要忍住不发出声音真的很难，在遇到挑战危机时真的很紧张，在因为违规不得不重新来过时，真的有些沮丧，却又被团队学习者们互相的扶持所激励。真正完成的时候，心中涌现难以想象的喜悦，我们都感受到了团队的力量。

## 活动实际操作

### 1. 预设目标

※ 体会人人皆可为领导者的理念。

※ 感受坚持带来的胜利体验。

### 2. 场地要求

※ 室内外皆可，有较大的空旷空间，地面平整为宜。

### 3. 活动道具

※ 实心木砖（按每10人拥有6块砖比例进行道具配置），视实际人数、组数配备专门道具。

### 4. 参与人数

※ 一般要按照场地容量和带领者数量合理安排总人数。

※ 如仅有一位带领者，总人数不超过60人为宜。

※ 本活动必须分组进行。

※ 小组人数10～14人最佳。

※ 多个小组同时进行，有一位总带领者，且每组必须配有一位辅助带领者（可从学习者中抽取，主要承担保护工作）。

### 5. 体验时长

※ 总时长60分钟。

※ 带领者说明活动要求约5分钟。

※ 团队挑战时间30分钟。

※ 团队分享时间25分钟。

### 6. 操作步骤(带领者)

**第一阶段:活动要求说明及体验**

项目故事背景:现在你们每个队伍都化身特工小分队。你们在神秘的亚马孙丛林执行一项秘密任务后正在撤离中。现在你们面前出现了神秘的亚马孙河,你们需要在限定时间内,穿过河流,到达彼岸。河流中潜伏着一些未知的生物,丛林中也有一些危险的生物存在,因此在你们渡过亚马孙河时,务必谨记,不能发出任何声音,而且河流非常危险,当木砖漂浮于河流之上时必须有学习者的肢体与其接触,否则将会被河流中的不明生物“夺走”,全体学习者的身体任意部位均不可接触到河面。由于手头的渡河工具有限,目前默认只有行囊中的木砖可以漂浮在河面上,并承受你们每个人的压力。你们需要全体一起行动,一次性共同渡过河流。请记住,完成此项挑战,你们的资源只有一定数量的木砖和你们的身体与智慧。

当木砖“漂浮在河面(地面)上”时,如果没有学习者的肢体接触,即默认被“夺走”(带领者将拿走木砖)。

当任意学习者身体任意部位接触到“河面”(地面),或发出声音,则属于违规。无论团队挑战进行到任意阶段,都要重新开始。

在限定时间(30分钟)内,团队全体学习者一次性共同从起始端到达终点端即为挑战成功。在进行挑战前,可以进行讨论,但是一旦开始挑战,就全员噤声。

结尾特别设置:由于木砖比挑战者少,因此过程中木砖是重复使用的。但到最后只剩少数学习者没有到达“对岸”时,很多学习者们常不再继续保护木砖不被夺走,导致最后丢失了一些木砖。当他们欢呼成功后,带领者可以说:现在请进行下一段挑战,即用你们现有的资源再次渡河。此时,学习者会突然发现木砖不够,意识到资源是不能被轻易丢弃的。

**第二阶段:讨论分享**

请每个团队围坐在一起,交流刚刚体验过程中的感受。每个人都要表达,最好是随机,如果大家都比较被动,则可以从每个团队的带领者的右手边或左手边开始。

带领者首先要进行引导,比如“刚刚完成了挑战,听到了大家的欢呼和掌声。现在,让我们为自己再鼓一次掌”。又或者“虽然最终挑战没有完成,但让我们为全体学习者的坚持不懈鼓掌。暂时不要去计较结果,我们先回味一下挑战过程中自己的感受”。

队内分享结束后,每个团队派一名代表,向全体分享队内讨论的结果。

**分享切入点及引导问题**

一般来说,一开始分享,可以自由发挥,不用提供引导问题。然后再给每个团队提供引导问题，对没有提及的内容可以进行补充分享。

**引导发现情绪感受**

• 一开始听到规则介绍时，你的感受是怎样的？你觉得这个任务可以完成吗？
• 挑战过程中，你觉得困难吗？
• 过程中，你的感受有没有发生变化？
• 你最强烈的感受是什么？为什么？
• 看到其他团队相对顺利时，你的感受是怎样的，你想到了什么？

**反馈观察结果**

活动过程见下图。

如果可以语言交流，大多数队伍很快就会出现一个"领导者"，但当我们不能进行语言交流，甚至不能发出明显的声音时，提前的方案设定就显得更为重要。

大家手牵手，紧张投入在团队活动过程中，感受到彼此之间的心也更加靠近。

**倡导链接生活**

当团队彼此熟悉，互相信赖，耐心和默契就会比较突出，完成"冲出亚马孙"也显得并不困难。但如果团队彼此之间不太了解，或者存在一些不和谐，这样不能语言沟通的活动可能就会出现很多问题。

很多时候，当我们成功了，往往会松懈，只看到了眼前的成功，而忘记要为未来的风险做好准备。所以"居安思危"一定不能忘。

## 活动6:驿站传书

### 带领者思路

“团队沟通,每个环节都很重要”。环环相扣的情况下,只要一个环节出错,结果就失之千里。团队里,一人即是一环,环环紧扣,保持零失误是非常不易的。

“信息传递,每个细节都很重要”。商讨一份属于自己团队的“摩斯密码”,思考信息传输里,每一个不能被遗漏的细节。编码规则、解码规则、确认机制、反馈机制、纠错机制……有些细节,需要失败来警醒。

“串联环节,实现细节,在于磨合与默契”。沟通对于群体来说,本来也不是件容易的事情。偏好、规则、环节、细节,都需要不断的互动来磨合,不抱怨,不着急,多领会,尽量精准,默契才能更多展现。

### 活动实际操作

#### 1. 预设目标

※ 感受有效沟通的重要性。

※ 体会有效沟通需要不断练习与磨合。

#### 2. 场地要求

※ 室内外皆可,有较大的空旷空间,地面平整为宜;室内更佳,可以减少围观带来的干扰。

#### 3. 活动道具

※ 1张白纸/队,1支笔/队,视实际人数、组数配备。

#### 4. 参与人数

※ 一般要按照场地容量和带领者数量合理安排总人数。

※ 如仅有一位带领者,总人数不超过60人为宜。

※ 本活动必须分组进行。

※ 小组人数10~14人最佳。

※ 多个小组同时进行,有一位总带领者,且每组必须配有一位辅助带领者(辅助计时和监督)。

### 5. 体验时长

※ 总时长60分钟。

※ 带领者说明活动要求约5分钟。

※ 团队挑战时间40分钟。

※ 团队分享时间15分钟。

### 6. 操作步骤(带领者)

**第一阶段:活动要求说明及体验**

你们每个人就如同一所驿站,在信息传递过程中都是必不可少的环节。接下来会有三组信息需要你们进行传递。信息中不包含汉字。

每队学习者排成一列纵队,前后间半臂距离。团队之间保持一定距离。

队尾学习者将得到一组信息,信息必须从后向前,通过每个相邻学习者传递到队首学习者处,由其用纸笔记录下来,全部信息记录完毕后,向带领者提交确认。

传递信息过程中,前面学习者不能以任何形式向后看,后面的学习者身体任意部位不能超出前面学习者身体平面延展面。

每一轮信息传递前,每个团队均有5分钟讨论时间。确认开始后,所有人不得再用语言(包括声音)交流。

每轮传递,限时10分钟完成。传对且不超过10分钟为有效。传错且不超过10分钟可重新传递。传对且不超过10分钟,剩余时间可用于下一轮讨论。

团队内任一学习者违规,均视作团队挑战失败。

整个过程中不允许用纸笔或者智能工具进行记录和提示。

### 第二阶段：讨论分享

请每个团队围坐在一起，交流体验过程中的感受。每个人都要表达，最好是随机，如果大家都比较被动，则可以从每个团队的带领者的右手边或左手边开始。

带领者首先要进行引导，比如，“刚刚完成了挑战，听到了大家的欢呼和掌声。现在，让我们为自己再鼓一次掌”。又或者“虽然最终挑战没有完成，但让我们为全体学习者的坚持不懈鼓掌。暂时不要去计较结果，我们先回味一下挑战过程中自己的感受”。

队内分享结束后，每个团队派一名代表，向全体分享队内分享讨论的结果。

**分享切入点及引导问题**

一般来说，一开始分享，可以自由发挥，不用提供引导问题。然后再给每个团队提供引导问题，对没有提及的内容可以进行补充分享。

**引导发现情绪感受**

- 一开始听到规则介绍时，你的感受是怎样的？
- 挑战过程中，你觉得困难吗？
- 讨论传书规则时，有什么感受？
- 三次体验过程，你的感受有没有发生变化？
- 体验开始后，一段时间内没有得到后面学习者的任何信息提示时，心理感受如何？
- 你最强烈的感受是什么？为什么？
- 站在队首的学习者和站在队尾的学习者，是否有特别一些的感受？
- 当看到别的队伍速度比自己的队伍快时，内心的感受？

**反馈观察结果**

队首的学习者一直处于等待中，有人表现出急躁，有人表现出冷静。

当中间出现错误，后面的学习者发现了，但是却发现没有做好及时中止的规则设定时，表现出焦虑紧张。

总有人会忍不住想要说话或者发出声音。

**倡导链接生活**

在传递信息过程中，如何才能做到有效的确认和反馈？

虽然没有要求队伍之间进行竞争，但是当别的队伍比自己的队伍传递信息速度快时，还是能看到不由自主的竞争焦虑产生。为何不自主就会要竞争？何时需要竞争？

生活里，很多时候都存在竞争。但是否无时无刻都要取得领先呢？未必，有时，尤其是在过程中，保持自己的节奏，专注自己的任务，也许结果更好。

# 活动7：数字城堡

## 带领者思路

“看上去不难，会很容易完成吗？”这个任务想要完成似乎不困难。说白了就是配合嘛。可是配合是那么容易的事情吗？只有亲身经历，才能真正懂得。

“默契的达成需要不断的磨合”。为何这么近的距离，抛个球都能接不住？为何我明明准备好了，却并没有出现完美衔接的一幕？明明每个人需要做的事情都很简单，可为何大家串联之后，却出现了手忙脚乱的局面。团队默契的达成，需要时间和互动来不断打造。

“需不需要领导者？”每个人似乎都清楚该怎么做。甚至也不需要什么仔细的方案，当然更不会觉得需要有领导者。可是杂乱无章的试误，反复重来的冲击，是不是都在暗暗说明，一个声音出来拍板可能会提高任务完成的效率呢？

关于“最佳的领导者和最佳的追随者”的思考。

“临时的领导者会在什么时候出现？”——明明任务简单，但团队却反复受挫之时。

“会以什么方式出现？”——嗓门最大？人格魅力？方案最佳？

“什么样的人是最佳的领导者？”——遇到最佳的追随者时。当纷繁的声音渐渐隐没，大家默认听一个人的声音，并放下自我的坚持，愿意做一个默契度高配合度高的追随者时，被推选出的那个人，也许就是最佳的领导者。

## 活动实际操作

### 1. 预设目标

※ 感受默契提升的过程。

※ 体会最佳的领导者和最佳的追随者的共同价值。

### 2. 场地要求

※ 室内外皆可，有较大的空旷空间，地面平整为宜；室内更佳，可以减少围观带来的干扰。

### 3. 活动道具

※ 1.8平方米数字喷绘图1张/队，网球1个/队，视实际人数、组数配备专业

道具。

## 4. 参与人数

※ 一般要按照场地容量和带领者数量合理安排总人数。

※ 如仅有一位带领者，总人数不超过60人为宜。

※ 本活动必须分组进行。

※ 小组人数10～14人最佳。

※ 多个小组同时进行，有一位总带领者，且每组必须配有一位辅助带领者（辅助计时和监督）。

## 5. 体验时长

※ 总时长90分钟。

※ 带领者说明活动要求约5分钟。

※ 团队挑战时间50分钟。

※ 团队分享时间35分钟。

## 6. 操作步骤（带领者）

### 第一阶段：活动要求说明及体验

请每队学习者分别手持网球进入数字城堡内用脚依次踩出1～50的号码，每队学习者人均踩到数字不少于3个，完成挑战用时越短越好。

同时进入数字城堡挑战的只能有一人。每次进入数字城堡的学习者必须手持网球。例如，一个学习者手持网球进入数字城堡挑战，踩了数字1、2、3后，该队员快速跳出数字城堡，并将网球交给下一个学习者，下个学习者方可进入数字城堡挑战踩4、5…（见下图）。

整个过程中网球不能掉落。如果掉落则重新开始挑战。

数字需按照顺序踩,不允许错踩、漏踩、跳踩。如果违规,重新开始挑战。

整个过程中不允许用纸笔或者智能工具进行记录和提示。

### 第二阶段:讨论分享

请每个团队围坐在一起,交流刚刚体验过程中的感受。每个人都要表达,最好是随机,如果大家都比较被动,则可以从每个团队的带领者的右手边或左手边开始。

带领者首先要进行引导,比如,“刚刚完成了挑战,听到了大家的欢呼和掌声。现在,让我们为自己再鼓一次掌。”让我们一起来分享一下过程中的感受吧。

队内分享结束后,每个团队派一名代表,向全体分享队内分享讨论的结果。

**分享切入点及引导问题**

一般来说,一开始分享,可以自由发挥,不用提供引导问题。然后再给每个团队提供引导问题,对没有提及的内容可以进行补充分享。

**引导发现情绪感受**

- 一开始听到规则介绍时,你的感受是怎样的?
- 挑战过程中,你觉得困难吗?
- 反复重来时,你的感受是怎样的?
- 体验过程,你的感受有没有发生变化?
- 你最强烈的感受是什么?为什么?
- 当看到别的队伍速度比自己的队伍快时,内心的感受?

**反馈观察结果**

刚开始大家看到任务,都信心满满,觉得应该能够很快完成,并且速度越来越快。

可是反复违规重来后,似乎有了一些疑惑,对一些出错,也会有些着急。

提出建议的人很多,但是三三两两的分散状态更明显。

直到大家渐渐安静下来,决定由一个人来完成指令引导,而其他人按照分工完成自己的任务部分时,才慢慢出现了秩序感和默契的提升。

**倡导链接生活**

面对看上去简单的任务,我们可能会忽略什么?生活里会否有时也像刚才那样。我们好像是团队,但是开始时又像是散沙一堆,无法很好的配合彼此。以后遇到这样的情况,你会有什么不同的应对吗?

# 活动8：盲人方阵

## 带领者思路

“看不见带来的难度”。彼此看不见，还散落各处；道具在哪里，一片茫然。这是前所未有的体验，没有天使协助的盲人，要如何完成困难的挑战？

“绝对需要领导者”。

跟我来！

让我们排个序！

请每个人记住自己要做的事情！

请每个人听我的指令！

我们能够完成！

不要着急，不要慌乱，相信自己，相信团队！

在这样茫然的挑战中，脱颖而出的出色领导者，将会让任务有效完成。

“智慧是应对问题很重要的武器”。眼不能看，沟通障碍增加了很多。但是智慧在黑暗中也不会湮灭。看不见，更需要冷静的思考，有条理的安排，彼此默契耐心的配合。智慧，这最为关键的武器，要用起来。

## 活动实际操作

### 1. 预设目标

※ 体验完全的茫然和从慌乱到慢慢冷静和展开探索的过程。

※ 体会团队领导者对于团队任务进程的积极影响。

### 2. 场地要求

※ 室内外皆可(25米以上边长的平整开阔场所/队)。

※ 多团队完成时，尽量选用操场，地面平整为宜。

### 3. 活动道具

※ 1条长15米、粗1.5厘米绳索/队，与学习者同等数量的眼罩若干。

※ 视实际人数、组数配备专业道具。

### 4. 参与人数

※ 一般要按照场地容量和带领者数量合理安排总人数。

※ 如仅有一位带领者，总人数不超过60人为宜。

※ 本活动必须分组进行。

※ 小组人数10～14人最佳。

※ 多个小组同时进行，有一位总带领者，且每组必须配有一位辅助带领者（辅助计时和监督）。

### 5. 体验时长

※ 总时长90分钟。

※ 带领者说明活动要求约5分钟。

※ 团队挑战时间60分钟。

※ 团队分享时间25分钟。

### 6. 操作步骤（带领者）

**第一阶段：活动要求说明及体验**

项目背景故事：你们再次化身特工人员，由于在野外误食了奇异果实，在接下来一段时间，将短暂失明。为了保障大家的安全，你们需要用找到的一堆绳索，建成一个防御工事，直到恢复视力。

每个学习者均需戴上眼罩，并确认完全看不到亮光。

带领者将每个学习者散开置于场地各处，每个学习者间隔不等，但相距都较远，不能轻易进行沟通。

每队学习者需要在身边不超过5米的范围内找到一堆绳索，并在限定时间内（60分钟），将绳索围成一个最大的正方形，最后所有人相对均匀地分布在这个正方形的四条边上（见下图）。

整个项目体验过程中，任何人不得摘去眼罩。确认挑战完成后，将绳索踩在脚下，由带领者确认，才能倒数十秒，摘下眼罩。

着重提示安全要求：在盲行过程中，双臂半屈双手平推置于胸前，不得背手行走，严禁蹲在地上。注意不要被绳索绊倒，不要猛烈甩动绳索，不能奔跑。

### 第二阶段：讨论分享

请每个团队围坐在一起，交流刚刚体验过程中的感受。每个人都要表达，最好是随机，如果大家都比较被动，则可以从每个团队的带领者的右手边或左手边开始。

队内分享结束后，每个团队派一名代表，向全体分享队内分享讨论的结果。

**分享切入点及引导问题**

一般来说，一开始分享，可以自由发挥，不用提供引导问题。然后再给每个团队提供引导问题，对没有提及的内容可以进行补充分享。

**引导发现情绪感受**

- 请大家看一下你们建造的防御工事，为自己鼓掌！
- 蒙上眼睛后，你感受是什么？
- 戴着眼罩，等待带领者确认挑战完成时，你内心的感受怎样？
- 摘下眼罩时，你的感受如何？
- 过程中，你最强烈的感受是什么？为什么？

**反馈观察结果**

项目开始后，有人开始大胆地到处乱走，用脚在地面上探索。也有人完全站着不动，似乎在等待被别人寻找到。

确认正方形时，有人用食指和拇指的角度做参照；丈量边长时，有人用脚步量，也有人用手臂量。

有些团队学习者表现有点慌乱，有些团队学习者则比较沉稳。

当出现了一个强有力的领导者，能够促进团队学习者进行有效沟通后，大家的效率有了明显的提高。当然，同时也是因为追随者有很好的领悟力以及行动转化能力。

**倡导链接生活**

面对看上去非常困难的任务时，我们会一直很慌乱，还是很快镇定下来？在这个项目里有哪些突出的角色？什么样的人会承担这样的角色？你适合承担什么样的角色？是否想过要做领导者？做一个出色的领导者，你还欠缺什么？在生活中，你是否也会遇到这样的任务，你曾经是怎样面对的？将来你想要如何去面对？

# 活动9:齐眉圈(棍)

## 带领者思路

“不降反升的奇观”。我们的目标是向下降落,可事与愿违。明明每个人都在喊“降,降,降”,为何那齐眉圈偏偏背道而驰?不脱离,但也不能用力,因为稍微用一点力气,不降反升的奇观就会出现。问题在哪里?如何去解决?需要亲历。

“改进,改是不是一定会进”。这个方案似乎不能实现目标,那就换一个。减小支撑力?减少支撑点?人数由少增多?确定合适的身体姿势?方案的不断改变,是否一定就是改进,是否能够实现结果?未知!

并不是所有的任务都能成功挑战。齐眉圈是一个很容易最终完成不了的任务。必须要我们足够严格地把关。假如失败了,学习者会感受到什么?带领者会看到什么?假如失败了,团队会不会受到冲击?假如失败了,我们也要从中吸取有益经验!

## 活动实际操作

### 1. 预设目标

※ 感受行动与期待的相背而行。

※ 体会看起来容易、做起来很难的任务。

※ 体验默契逐渐磨合深化的过程。

### 2. 场地要求

※ 室内外皆可,有较大的空旷空间,地面平整为宜。

### 3. 活动道具

※ 1个材质很轻的空心塑料呼啦圈/队,亦可是一根材质很轻的两米长空心细棍。

※ 8~10人/圈或12~14人/棍。视实际人数、组数配备专业道具。

### 4. 参与人数

※ 一般要按照场地容量和带领者数量合理安排总人数。

※ 如仅有一位带领者,总人数不超过60人为宜。

※ 本活动必须分组进行。

※ 小组人数8~14人最佳。

※ 多个小组同时进行，有一位总带领者，且每组必须配有一位辅助带领者（辅助计时和监督）。

### 5. 体验时长

※ 总时长90分钟。

※ 带领者说明活动要求约5分钟。

※ 团队挑战时间60分钟。

※ 团队分享时间25分钟。

### 6. 操作步骤（带领者）

**第一阶段：活动要求说明及体验**

首先，请仔细看带领者演示项目挑战过程中的固定手势（见下图）。双手在身体前方掌心相对，除食指外其他手指握拳，食指笔直伸直，处于同一高度。在任务挑战过程中，固定手势必须保持，其他身体动作或姿势不做要求。

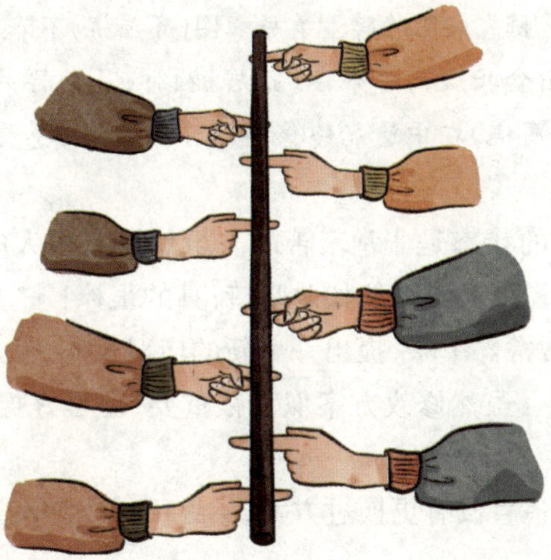

每队学习者围成圈面对面站立（或以棍为中心线面对面站立）做出固定手势。带领者将呼啦圈（齐眉棍）放置于大家伸出的食指上。呼啦圈（齐眉棍）与地面尽可能保持平行。

呼啦圈（齐眉棍）初始高度以团队学习者中身高居中者眉毛为准。

全体学习者一起将食指上架起的“齐眉圈（棍）”持续向下放，直到呼啦圈（齐眉棍）落到指定学习者的膝盖处，视为挑战成功。

在呼啦圈（齐眉棍）下落过程中，须尽力保持与地面水平。且每个学习者的食指均不可脱离呼啦圈（齐眉棍）接触，且必须为下方支撑呼啦圈（齐眉棍）。如有违规,则从头开始。

在限定时间完成该挑战。因违规等,从头开始,计时不中断。

### 第二阶段:讨论分享

请每个团队围坐在一起,交流刚刚体验过程中的感受。每个人都要表达,最好是随机的,如果大家都比较被动,则可以从每个团队的带领者的右手边或左手边开始。

带领者首先要进行引导,比如,“刚刚完成了挑战,听到了大家的欢呼和掌声。现在,让我们为自己再鼓一次掌”。让我们一起来分享一下过程中的感受吧。

队内分享结束后,每个团队派一名代表,向全体分享队内分享讨论的结果。

**分享切入点及引导问题**

一般来说,一开始分享,可以自由发挥,不用提供引导问题。然后再给每个团队提供引导问题,对没有提及的内容可以进行补充分享。

**引导发现情绪感受**

- 听到活动要求时,你的感受是怎样的?觉得困难吗?
- 当大家一起喊“降”,却眼睁睁看着呼啦圈(齐眉棍)不降反升时,有什么样的感受?
- 当自己被指出食指脱离呼啦圈(齐眉棍)时,是怎样的感受?
- 当呼啦圈(齐眉棍)在中途始终僵持不下时,你的感受是怎样的?

**反馈观察结果**

一直保持支撑的状态是非常辛苦的。虽然没有很大的运动量,但是手臂和身体却都好像很疲劳。但大家依然如此坚持,真的很棒!

过程中,大家常常停下来,提出一个新的应对策略,然后尝试一会儿觉得不好,又会再次从头开始。虽然修改方案似乎很重要,但是好像没有任何一个方案能够被坚持很久。

有的团队似乎一直没有更换过方案,始终用一个方案,也有很好的进展。

**倡导链接生活**

很多时候,我们总是想要找到最佳的解决办法。但如果就只用一种方案,坚持不懈反复练习,是否也能达到成功?

应对策略的不断改变会促进挑战完成还是影响挑战进度?齐眉圈(棍)是否可以带给我们不一样的视角。应对生活难题,多样化方案是有效的,坚持一种方案也可能是有效的。

# 活动10：突破雷阵

## 带领者思路

当我们看到前面的人不断地“触雷”被“炸回”，可能更加不敢去贸然探索，一方面是不希望失败，另一方面也是希望不要给团队带来挫败。但往往保守的想法在面对特殊的挑战时，不会带来期待的结果。有些人总是可以勇敢地去探索，因此，他们就更加容易做到创新，突破定势带来的冲击感受是强烈的。只有亲历，才更加深刻地体验。

## 活动实际操作

### 1. 预设目标

※ 培养勇于尝试、不断探索的精神。

※ 培养创新意识，突破定势思维。

※ 培养善于总结经验和吸取经验教训的能力，提高避免同样错误和复制成功的能力。

### 2. 场地要求

※ 室内外皆可(25 m以上边长的平整开阔场所/队)。

※ 多团队完成时，尽量选用操场，地面平整为宜。

### 3. 活动道具

※ 雷阵图道具(道具图见文末附件)，计时器和纸笔，墨镜(带领者最好佩戴墨镜，避免眼神透露信息)。

带领者用黑色图标出了雷点，但是学习者脚下是不显示的。

15~30人/图，视实际人数、组数配备专业道具。

### 4. 参与人数

※ 一般要按照场地容量和带领者数量合理安排总人数。

※ 如仅有一位带领者，总人数不超过30人为宜。

※ 本活动不须分组进行。

### 5. 体验时长

※ 总时长90分钟。

※ 带领者说明活动要求约5分钟。

※ 团队挑战时间60分钟。

※ 团队分享时间25分钟。

### 6. 操作步骤(带领者)

#### 第一阶段:活动要求说明及体验

在限定时间内,所有学习者从雷区的入口进入,依次通过雷阵,成功到达雷区的另一边。

雷区内只允许有一个人进入;每走一步只能迈进相邻的格子里,不准跳跃及试探;雷区中每走一步未被确认的新格子要听带领者的口令,口令有两种:“请继续”示意学习者继续前进,或“对不起有雷,请按原路返回”,学习者退出雷区,换另一学习者进入。

全体按时完成为100分,每违规一次扣5分。违规现象有4种:重复触雷;未按原路返回;踩线或未进入相邻的格子;进入雷区的人数多于1人。

挑战需每个学习者依次进入,全体都进入过,才能从头再来。

整个过程中不允许用纸笔或者智能工具进行记录和提示。

#### 第二阶段:讨论分享

带领者首先要进行引导,比如,“刚刚完成了挑战,听到了大家的欢呼和掌声。现在,让我们为自己再鼓一次掌”。让我们一起来分享一下过程中的感受吧。请全体围坐在一起,交流刚刚体验过程中的感受。每个人都要表达,最好是随机,如果大家都比较被动,则可以从每个团队的带领者的右手边或左手边开始。

**分享切入点及引导问题**

一般来说,一开始分享,可以自由发挥,不用提供引导问题。然后再给每个团队提供引导问题,对没有提及的内容可以进行补充分享。

**引导发现情绪感受**

- 最初听到活动要求时,你的感受是怎样的?认为难度如何?
- 反复重来或违规时,你的内心感受和想法又是怎样?
- 走了一大半却发现似乎无路可走时,你的内心感受和想法是怎样的?
- 当有人提议走入主观上的“禁区”时,你的内心感受如何?
- 突破定势后的感受是怎样的?

**反馈观察结果**

有些人小心翼翼,有些人勇于探索。有些人记忆力很好,有些人善于提示和引导。过程中停下来讨论和决策对团队前进很有帮助。

**倡导链接生活**

团队的力量远远超出我们的想象,但思维定势往往会限制我们的探索。在日常生活里其实也有很多的思维定势，如何能够积极勇敢但不冒进偏执地突破定势，就能带来更多的创新和意想不到的收获。

**撰写心得体会**

体验时间总是有限的，但是体验带来的心得可能是丰富的却没有能够及时表达出来的。所以，强烈建议学习者结束后，将体验和反思后的心得撰写下来，这样会更加利于巩固学习和收获。

## 附件

**雷阵图道具**

| | | | | | | | | | | | |
|---|---|---|---|---|---|---|---|---|---|---|---|
| 109 | 110 | 111 | 112 | 113 | 114 | 115 | 116 | 117 | 118 | 119 | 120 |
| 97 | 98 | 99 | 100 | 101 | 102 | 103 | 104 | 105 | 106 | 107 | 108 |
| 85 | 86 | 87 | 88 | 89 | 90 | 91 | 92 | 93 | 94 | 95 | 96 |
| 73 | 74 | 75 | 76 | 77 | 78 | 79 | 80 | 81 | 82 | 83 | 84 |
| | | | 67 | 68 | 69 | 70 | 71 | 72 | | | |
| | | | 61 | 62 | 63 | 64 | 65 | 66 | | | |
| | | | 55 | 56 | 57 | 58 | 59 | 60 | | | |
| | | | 49 | 50 | 51 | 52 | 53 | 54 | | | |
| 37 | 38 | 39 | 40 | 41 | 42 | 43 | 44 | 45 | 46 | 47 | 48 |
| 25 | 26 | 27 | 28 | 29 | 30 | 31 | 32 | 33 | 34 | 35 | 36 |
| 13 | 14 | 15 | 16 | 17 | 18 | 19 | 20 | 21 | 22 | 23 | 24 |
| 01 | 02 | 03 | 04 | 05 | 06 | 07 | 08 | 09 | 10 | 11 | 12 |

# 活动11：孤岛求生

## 带领者思路

当我们发现自己手头有非常复杂又耗时的任务时，往往会先投入焦点在内部的事务中。此时，如果我们只是全局的部分，就很可能会忽视全局的风险，而不能做出更加全面的决策和行动。

如果我们处于一个资源充沛且行动强的位置，那么我们不仅仅要专注于自己的任务，还需要有全局意识，去关注到需要获得帮助和支持的同行者，这样才能获得团队整体的成功。

有时候，为了帮助他人我们可能要做出冒险的决策，如果我们只考虑自己利益可能会受损，那么我们也会止步不前，从而让他人陷于困难之中。让我们一起面对困难的想法，会督促帮助行为的发生，也会让利他倾向更为凸显。

## 活动实际操作

### 1. 预设目标

※ 体验突破思维定势的意义，培养创新与风险意识。

※ 感受信任与合作对于完成任务的重要性，培养团队的整体意识。

### 2. 场地要求

※ 室内外皆可(25 m以上边长的平整开阔场所/队)。

※ 若有多团队完成时，尽量选用操场，地面平整为宜。

### 3. 活动道具

※ 每组道具套装包括3条绳索(用于圈出3个“孤岛”)、1个模拟桥梁(可以用喷塑道具或报纸等代替)、2双道具筷子、1个塑料桶、5个网球、任务书1套(内容如表5-1至表5-3所示)、2张A4白纸、2个生鸡蛋、1段50厘米透明胶带、1支笔、5个眼罩。

**表5-1 盲人岛任务书**

| | |
|---|---|
| 任务 | 1. 将一个网球投入桶中；<br>2. 将所有人集中到同一个地方 |
| 可用资源 | 1. 数个网球；<br>2. 学习者的聪明才智 |
| 周边地形 | 1. 学习者现在处在“盲人岛”上，周边是激流，激流湍急并布满漩涡，任何欲通过激流离开孤岛的企图都是徒劳的，只要触及激流，即会被冲回孤岛；<br>2. 在激流远处的岩石上固定着一个桶 |
| 规则 | 1.为了安全你们不得踏入激流；<br>2.在整个过程中你们不得摘去眼罩 |

**表5-2　哑人岛任务书**

| | |
|---|---|
| 任务 | 1.帮助“盲人”；<br>2.将所有人集中到同一个地方 |
| 可用资源 | 1.一个模拟桥梁；<br>2.你们的聪明才智 |
| 周边地形 | 你们现在处于“哑人岛”上，周边都是湍急的水流，任何从岛上坠落的物品，都将被激流冲至“盲人岛” |
| 规则 | 1.任何物品、任何人触及激流，将被迅速冲至“盲人岛”；<br>2.在“盲人岛”上的“盲人”们完成第一项任务前不得使用模拟桥梁；<br>3.在完成任务前，你们不得从嘴里发出任何声音；<br>4.只有“盲人”可以触球；<br>5.你们是唯一可以使用模拟桥梁的人 |

**表5-3　珍珠岛任务书**

<table>
<tr><td rowspan="17">任务</td><td colspan="2">1. 外包装设计：使用岛上资源，2张纸、4只筷子和胶带为2个鸡蛋设计外包装。质量要求：站在岛上，双手手持包装好的鸡蛋，平伸，然后撒手，落下的鸡蛋着地不碎<br>2. 集合队伍：将所有人集中到“珍珠岛”上<br>3. 孤岛决策：你们正随着一艘游船漂浮在太平洋海面上，一场大火烧毁了船身及大部分内部设备，游船漂流到珍珠岛后下沉。由于关键航海仪器损坏，你们不知道所处的位置。最近的陆地大约在西南方向上，最乐观地估计，你们离那1500公里。下面列出15件未被大火烧毁的物品。你们的任务是把这15件物品按照求生过程中的重要程度排序</td></tr>
<tr><td>物品</td><td>序号</td></tr>
<tr><td>指南针</td><td></td></tr>
<tr><td>剃须镜</td><td></td></tr>
<tr><td>一桶25公斤的水</td><td></td></tr>
<tr><td>蚊帐</td><td></td></tr>
<tr><td>一桶压缩干粮</td><td></td></tr>
<tr><td>若干太平洋海区图</td><td></td></tr>
<tr><td>一个救生圈</td><td></td></tr>
<tr><td>一桶9升油气混合物</td><td></td></tr>
<tr><td>小半岛体收音机</td><td></td></tr>
<tr><td>驱鲨剂</td><td></td></tr>
<tr><td>5平方米不透明塑料布</td><td></td></tr>
<tr><td>一瓶烈性酒</td><td></td></tr>
<tr><td>15米尼龙绳</td><td></td></tr>
<tr><td>两盒巧克力</td><td></td></tr>
<tr><td>钓鱼具</td><td></td></tr>
</table>

续表

| | |
|---|---|
| 周边地形 | 你们现在处在"珍珠岛"上，周边是激流，激流湍急并布满漩涡，任何触及激流的物品都将被冲至"盲人岛"。孤岛中央非常坚固，但当遇到强大压力时，周边的松软土地将崩塌。 |
| 规则 | 1. 岛不能移动；<br>2. 岛的边界不能改变；<br>3. 所有物品、所有人踏入激流即刻被冲至"盲人岛"。 |

### 4. 参与人数

※ 一般要按照场地容量和带领者数量合理安排总人数。

※ 如仅有一位带领者，总人数不超过30人为宜。

※ 本活动必须分组进行。

※ 每组15人为宜。

※ 每组均需配备一位辅助带领者(可从学习者中抽取)。

### 5. 体验时长

※ 总时长90分钟。

※ 带领者说明活动要求约5分钟。

※ 团队挑战时间60分钟。

※ 团队分享时间25分钟。

### 6. 操作步骤(带领者)

#### 第一阶段：活动要求说明及体验

每组学习者可以自荐分成三拨，一拨人数最少，一拨人数最多，一拨人数居中。

先给最少一拨人戴上眼罩，跟随带领者前往"盲人岛"，按照任务书里可以告知的内容将所处环境与注意事项说明。

再将一拨人数居中的带往"哑人岛"，告诉他们"从现在开始你们就成了哑人，任何人不许从嘴里发出任何声音，如果违规，将进行'惩罚'或'取消资格'"。

将最后一组人带至"珍珠岛"，将《珍珠岛任务书》、鸡蛋、笔、白纸、筷子与胶带发给远离其他岛方向的那个学习者。

将《哑人岛任务书》交给"哑人岛"任意一人，最后将《盲人岛任务书》悄悄塞到一名学习者手里，告诉他千万不要轻易交给他人，并将网球分发给不同的学习者。

宣布任务开始，开始计时。

整个过程中除活动要求外，不允许用纸笔或者智能工具进行记录和交流。

### 第二阶段:讨论分享

请每个团队围坐在一起,交流刚刚体验过程中的感受。每个人都要表达,最好是随机,如果大家都比较被动,则可以从每个团队的带领者的右手边或左手边开始。

带领者首先要进行引导,比如,“刚刚完成了挑战,听到了大家的欢呼和掌声。现在,让我们为自己再鼓一次掌。”让我们一起来分享一下过程中的感受吧。

队内分享结束后,每个团队派一名代表,向全体分享队内分享讨论的结果。

**分享切入点及引导问题**

一般来说,一开始分享,可以自由发挥,不用提供引导问题。然后再给每个团队提供引导问题,对没有提及的内容可以进行补充分享。

**引导发现情绪感受**

- 刚开始,你认为挑战可以完成吗?
- 作为“盲人”,你的感受和想法是怎样的?
- 作为“哑人”,你的感受和想法是怎样的?
- 作为“健全人”,你的感受和想法是怎样的?
- 完成的时候,你的感受和思考是怎样的?
- 过程中,你强烈的感受是什么? 为什么?

**反馈观察结果**

有些人埋头完成自己的任务挑战,专注是好的,但可能会忽视全局的需求。有些人能关注全局,但如果前提出能一定程度脱离自己当下面对的任务挑战。因此,看到优势,优势互补,是团队前进非常有价值的地方。

守卫《盲人岛任务书》的人非常坚定,但也给前来想要给予帮助的人增加了任务完成难度。哑人只是不能说话,行动是自由的,可是因为不能说话,光有自由的行动,在解决问题时阻碍也是很大的。

获得信任是非常重要的过程。

**倡导链接生活**

人与人之间不能形成一座座孤岛。

日常生活中,不但要积极投入到自己的任务发展中,也一样要关注到他人。有时候突破定势,伸出援手,有利于全局的发展,自己也会从中获益。我们是共同体,要有共赢的意识。

**撰写心得体会**

体验时间总是有限的,但是体验带来的心得可能是丰富的却没有能够及时表达出来的。所以,强烈建议学习者结束后,将体验和反思后的心得撰写下来,这样会更加利于巩固学习收获。

## 活动12:信任背摔

### 带领者思路

“谢谢,给我勇气,在我倒下时让我感到安全”。请包容我有点发抖的身体和声音,请大声地告诉我,你们准备好接住我了,我在给自己加油,也需要你们给我信心,让我勇敢地笔直地倒下,安全地倒在你们的手中。

“谢谢,将你的后背交给我们,信任我们”。“我们准备好了！倒吧!”“我们觉得你很勇敢,我们希望自己也能像你一样的勇敢!”“谢谢你的信任,我们一定不会辜负你的信任。”

“将信任交给你,将信任带给你”。信任,不是挂在嘴边,就可以实现的。

信任,是将彼此的安全交付给对方,体验到真正获得了保护和支持,才能实现的。信任,是在行动中,挑战里,交付到每个团队学习者。

### 活动实际操作

#### 1. 预设目标

※ 体会恐惧与信任的转化。

※ 感受团队支撑力。

※ 突破内心的恐惧,并转化为自我挑战行动。

※ 接受自己的局限,有些挑战,做不到不可耻。

#### 2. 场地要求

※ 室内外均可,有空旷空间。

※ 地面平整为宜。

#### 3. 活动道具

※ 1.5米高背摔台,背摔绳1根,海绵垫1块。

※ 视实际人数组数配备。

#### 4. 参与人数

※ 一般要按照场地容量和带领者数量合理安排总人数。

※ 如仅有一位带领者,总人数不超过15人为宜。

※ 如人数较多,本活动必须分组进行。

※ 小组人数15人最佳。

※ 多个小组同时进行,有一位总带领者,且每组配有一位辅助带领者为宜。

### 5. 体验时长

※ 总时长120分钟。

※ 带领者说明活动要求并进行动作演示和演练约20分钟。

※ 团队体验70分钟。

※ 团队分享讨论30分钟。

### 6. 操作步骤(带领者)

#### 第一阶段:活动要求说明及体验

**环节一:个人挑战动作及语言表达演示说明**

在接受全体学习者“加油”后,沿着梯子爬上背摔台,站到指定的安全区域。

身体站直,双臂向前,双手外旋后交叉,十指交叉相扣,向胸前回旋,双手紧紧靠向胸前。带领者将用背摔绳将背摔学习者的双腕轻轻锁住(这样是为了控制倒下方向以及双臂不会打开伤到接人者,保障全体的安全)。

在带领者的引导下,移动到背摔台边,背向台下的“人床”站稳,根据背摔学习者身高及紧张程度,确定站立具体位置,脚后跟超出台面少许,双脚并拢,脚尖相靠,膝关节绷紧,臀肌收紧,下颌微微收起略含胸。

调整呼吸,大声问队友:“我是×××,我准备好了,你们准备好了吗?”听到队友齐声反馈“准备好了”后,再喊“我要倒了”,听到队友反馈“倒吧”,最后喊“1、2、3”,喊完“3”立刻笔直向后倒向“人床”。

**环节二:团体接人动作及语言表达演示说明**

身高、体重相近的两个团队学习者组成接人搭档,面对面伸出右脚成前弓步站立,两人右脚尖内侧相抵,膝关节内侧相触,保持重心稳定。

右臂平举,肘窝掌心朝上,手指伸直搭在搭档左肩,左臂平举,肘窝掌心朝上,手指伸直搭在搭档右肩。双臂自然伸展,保持稍稍用力状态。

在背摔台上学习者倒下前,根据带领者口令“双臂伸直,相邻者肩靠拢,所有人头向后”一致行动,做出最佳接人动作准备。当队友倒下时,稳稳接住后,让其在“人床”上停留10秒,缓缓放下。先放脚,站稳再扶起后背和头,解开背摔绳后交给带领者。

没有承担接人任务者,可以在接人者身后做保护支撑。

**环节三:地面演练**

在地面上，演练一人后倒，两人在其身后40厘米处进行支撑的练习。

在地面上，演练两人搭档，另一人从5米处跑动跃起，双臂前伸，将上身和双臂压在搭档两人接人的手臂上，测试其支撑稳定程度。

“人床”从靠近背摔台向外按力量较弱、力量较强、力量强、力量强、力量较强、力量较弱组合排列，中间四组尽量安排男生或者身体素质好的女生承担，每接三四人可适当调换位置，或由没有上场的力量相近搭档组合替换。

**环节四：挑战前安全说明及准备工作**

凡有腰背外伤病史，或有心脑血管及高度近视等情况者可选择不体验此项目。

没有做好心理准备者，也可以选择不体验此项目。

体验背摔前，须摘除身上所有硬物，包括项链、手链、手表、耳环，口袋里的钱包、钥匙、证件等。

站到背摔台上后，如果感觉不适，依然可以选择放弃挑战。

必须严格按照动作和语言表达要求进行，带领者有权随时终止挑战。

部分实际情况，可见下图。

## 第二阶段：讨论分享

请团队围坐在一起，交流刚刚体验过程中的感受。每个人都要表达，最好是随机，如果大家都比较被动，则可以从每个团队的带领者的右手边或左手边开始。

带领者首先要进行引导，比如，“让我们再次为大家共同完成信任背摔挑战鼓掌”。接下来我们一起来分享一下过程中的感受。

**分享切入点及引导问题**

一般来说，一开始分享，可以自由发挥，不用提供引导问题。然后再给每个团队提供引导问题，对没有提及的内容可以进行补充分享。

**引导发现情绪感受**

- 第一个人挑战完成前，大家的感受是怎样的？
- 自己没有上台前，感受是怎样的？
- 完成了背摔挑战后的心情？
- 当你闭着眼睛倒在“人床”上时，感受如何？
- 稳稳地接住了队友的感受？

**反馈观察结果**

每一个人都非常投入和专注。

背摔的绝大多数人身体都会不自主地弯曲，这是自我保护的本能。

有些人倒下时身体绷得很直，大家都自发为其喝彩。

每个完成了挑战的人，似乎都对自己和队友有了更多的信心。

虽然有人选择不挑战，但能够按照自己的心意做出决策，也是勇敢的表现。

**倡导链接生活**

通过这个挑战，大家觉得什么能够提高自信和对他人的信任？

在这个项目里除了对队友的信任，还有哪些做法提高了你完成的信心？

生活中，一个好的榜样会有很好的激发作用。不同岗位的价值虽然各有差异，但是分工协作让每个人的能量都得以发挥，也让每个人都能够更加信任他人。

**撰写心得体会**

体验时间总是有限的，但是体验带来的心得可能是丰富的却没有能够及时表达出来的。所以，强烈建议学习者结束后，将体验和反思后的心得撰写下来，这样会更加利于巩固学习收获。

## 活动13：生死关卡

### 带领者思路

“优势与劣势的转换”。有时候，身体强壮有力量，是优势，但在另外的条件下，也可能是劣势；有时候，身体瘦弱力量不足，是劣势，但今天却发现这也可能成为优势。所以，没有绝对的优势与劣势，不同条件、不同情景、不同任务中，优势与劣势可能会发生转换。

“不可思议的成功”。在完成之前，真的不敢想是否会成功，感觉自己在迷蒙之间，就完成了挑战，从身体绷紧的紧张感，到被放下后踩到地面的踏实感，再听到队友们的欢呼声，不可思议的成功，就这样发生了。

“领导与配合”。虽然不是一个人的主意，但大家的思路最后汇聚成一个方案，有些人在大部分时间负责引导，而另一些人则是兢兢地配合就好。无论承担的是怎样的角色，大家都是发挥自己的能量，完成挑战。

## 活动实际操作

### 1. 预设目标

※ 培养勇于尝试，不断探索的精神。

※ 培养创新意识，突破定势思维。

※ 感受团队合作中，不同优势的互补。

### 2. 场地要求

※ 室内外皆可(25米以上边长的平整开阔场所/队)。

※ 多团队完成时，尽量选用操场，地面平整为宜。

### 3. 活动道具

※ 模拟电网(3米宽、1.5米高的绳网，网格数量约为学习者人数的120%，在较低位置须有两个相对好通过的网格。)

### 4. 参与人数

※ 一般要按照场地容量和带领者数量合理安排总人数。

※ 如仅有一位带领者，总人数不超过15人为宜。

### 5. 体验时长

※ 总时长120分钟。

※ 带领者说明活动要求及动作演示和练习约20分钟。

※ 团队挑战时间80分钟。

※ 团队分享时间20分钟。

### 6. 操作步骤(带领者)

**第一阶段：活动要求说明及体验**

项目故事背景：你们再次化身特勤小队。这次要去敌营探察消息。敌营由一圈电网围护,你们必须从网格中穿过去。电网每个网格四边均不可被触碰,通行中如有触碰,则通行者即可退回,且此网格即刻关闭。任一网格只能通行一人,一人通过后,此网格关闭。你们须在限定时间内全体连续通过,否则将被敌人发现,则任务失败。

**环节一:个人挑战动作演示说明**

先身体站直,双臂向前,双手外旋后交叉,十指交叉相扣,向胸前回旋,双手紧紧靠向胸前。被抬起后,身体绷紧。

须摘除身上所有硬物,包括眼镜、项链、手链、手表、耳环,口袋里的钱包、钥匙、证件等。

**环节二:团体挑战动作演示说明**

运送学习者时,需让其脸朝上,分别支撑腰背、腿和肩颈位置。

运送学习者无论成功失败,放下时需轻缓,先放脚,站稳再扶起后背和头。

没有运送任务者,可以在周边做保护支撑。

**环节三:挑战前安全说明及准备工作**

凡有腰背外伤病史,或有心脑血管及高度近视等情况者,没有做好心理准备者,均可选择不体验此项目。

运送过程中,如果感觉不适,依然可以选择放弃挑战。

必须严格按照动作和语言表达要求进行,带领者有权随时终止挑战。

部分实际情况可见下图。

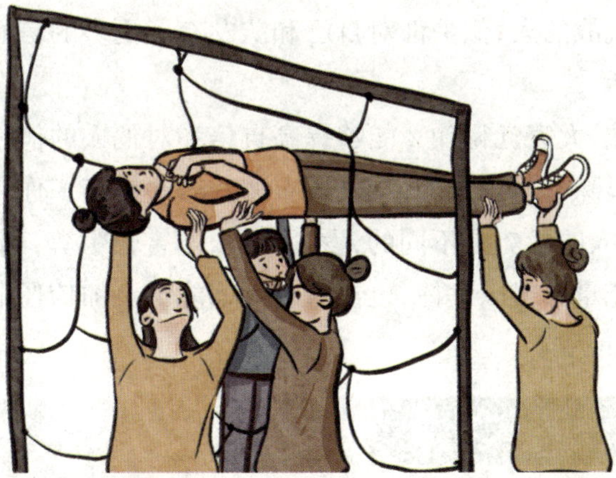

## 第二阶段:讨论分享

请团队围坐在一起,交流刚刚体验过程中的感受。每个人都要表达,最好是随机,如果大家都比较被动,则可以从每个团队的带领者的右手边或左手边开始。

带领者首先要进行引导，比如，“让我们再次为大家共同完成生死关卡挑战鼓掌”。接下来我们一起来分享一下过程中的感受。

**分享切入点及引导问题**

一般来说，一开始分享，可以自由发挥，不用提供引导问题。然后再给每个团队提供引导问题，对没有提及的内容可以进行补充分享。

**引导发现情绪感受**

- 第一个人挑战完成前，大家的感受是怎样的？
- 自己没有上台前，感受是怎样的？
- 从高处通行的感觉如何？
- 因为不小心导致网格被封闭的时候，感受是怎样的？
- 稳稳地接住了队友的感受？
- 挑战完成时候的心情？
- 刚开始有没有怀疑过这个任务根本无法完成？
- 什么时候开始对任务完成有信心？
- 完成本项挑战的收获是什么？

**反馈观察结果**

每一个人都非常投入和专注。

有人长时间做支撑工作，几乎从头到尾，很辛苦，却很投入。

虽然有人身形较大，却在全队协调后选择通行较小的网格，把大网格让给了其他学习者。

每个完成了挑战的人，似乎都对自己和队友有了更多的信心。

**倡导链接生活**

通过这个挑战，大家觉得什么能够提高自信和对他人的信任？

在这个项目里除了对队友的信任，还有哪些做法提高了你完成的信心？

生活中，每个人的优势是不同的，发挥优势，不害怕劣势，朝向目标，共同努力，才能让每个人的能量都得以发挥，也让每个人都能够更加信任他人。

## 活动14：队长之课

### 带领者思路

“把微观放大，环境如此丰盈”。在熟悉的环境里生活，脑海里会形成路线图，行动路线会慢慢地固定,但是当我们把路线交给他人,跟随他人重新体会熟悉的环境,环境变得新鲜,很多就在身边的风景,原来平时都忽略了。

"智慧与行动的结合,这是一场说走就走的旅途"。脑洞真大,这个地方原来可以用这样的隐喻来指代,解开谜题,来一场说走就走的"旅程"。

## 活动实际操作

### 1. 预设目标

※ 培养勇于尝试,不断探索的精神。

※ 体验知识面与智慧的丰盈。

※ 感受信任的魅力。

### 2. 场地要求

※ 室内分享。

※ 户外行动,最好是空间较大且安全的校园。

### 3. 活动道具

※ 如果是连续完成任务的团队,可预先布置"队长之课"设计作业。

※ 如果是临时团队,则需要提前为每个团队准备一套"队长之课"环境探索路线方案(谜面和谜底)。

### 4. 参与人数

※ 一般要按照场地容量和带领者数量合理安排总人数。

※ 如仅有一位带领者,总人数不超过30人为宜。

※ 本活动必须分组进行。

※ 每组15人为宜。

### 5. 体验时长

※ 总时长90分钟。

※ 带领者说明活动要求约5分钟。

※ 团队挑战时间60分钟。

※ 团队分享时间25分钟。

### 6. 操作步骤(带领者)

**第一阶段:活动要求说明及体验**

课前,每队队长带领全体队员准备了一套区域探索(4到5个地点)的提示信息(或由带领者准备)。

请每队派队长前来领取来自其他团队提供的区域探索第一条提示信息，并将其公布给自己的队友。

团队学习者(不包括队长)根据提示信息前往区域探索第一个地点后，全体合影，发在课程在线群中。地点检验正确后，将获得第二条提示信息。

每队队长留在课堂，不跟随自己团队学习者出发，且不参与解析提示信息过程，只负责检验拿到自己团队提示信息的队伍探索正确与否，以及发布下一条提示信息。

带领者及每队队长将共同记录下每个队完成区域探索的阶段时间。

本活动需借助智能手机来协助传递信息，但不允许过度使用智能手机来完成挑战，要更多依赖学习者的知识储备与智慧。

### 第二阶段:讨论分享

请团队围坐在一起，交流刚刚体验过程中的感受。每个人都要表达，最好是随机，如果大家都比较被动，则可以从每个团队的带领者的右手边或左手边开始。

**分享切入点及引导问题**

一般来说，一开始分享，可以自由发挥，不用提供引导问题。然后再给每个团队提供引导问题，对没有提及的内容可以进行补充分享。

**引导发现情绪感受**

- 对提示信息解读的结果出现分歧，互相不能说服时，内心感受是怎样的?
- 拿到提示信息，很长时间没有解开的头绪时，内心的感受是怎样的?
- 沿途寻找地点时，对环境的感受又是怎样的?
- 完成本项挑战的收获是什么?

**反馈观察结果**

有些人在一段时间解不开提示信息后，就比较容易产生沮丧情绪，或者很希望获得提示。

有些人能积极参与解开信息过程，有些人则以跟随他人为主。

**倡导链接生活**

如果没有记录时间，是否能有更多心情观察沿路风景?

看到他人对区域中自己已知地点的隐喻，是否会对自己生活的区域有更多不同的认识与理解?

以后的生活中，是不是可以发现更多不一样的惊喜?

# 知识区

## 团队合作与领导

### 什么是团队

当代社会,团队是一个出现频率很高的词。在本书中,把团队描述为"两个或更多的人为达成共同目标,彼此相互影响、相互作用、协同活动的一个组合。"根据这个界定,同一趟列车上偶遇的一群人不是团队,各自买票到剧场看演出的一群人也不是团队。他们虽然在时间和空间上共存,但彼此间的影响和作用还很微弱。

构成一个团队,需要以下几个条件:

其一,团队目标。团队目标是一个团队的核心,团队是为目标而建立的,也是因为有目标而存续的。团队目标为团队成员起了导航作用,知道一群人要往何处去努力。如果失去了目标,一个团队似乎也就失去了存在的价值。

其二,团队规模。团队规模是根据团队的目标而定的。围绕目标,如果团队太小,则可能会出现人手不足、知识技术互补性不足而影响目标实现;如果团队过大,也可能会出现一些人始终游离,团队效率低下等情况。因此,团队规模需要适中,以确保所有成员之间都能充分了解并且互相发生影响,一个成员的决策和行为会被团队的其他成员重视。这样团队的互动效果也会更好。

其三,团队意识。团队成员对组织有归属感和集体荣誉感,不仅能意识到自己是团队的一员,同时也意识到其他成员的存在,彼此相互联系、相互影响。

其四,团队分工。在同一项任务或系列团队任务中,团队各成员之间可能会有不同的分工,有些人倾向于参与拟订方案,而另一些人可能更喜欢执行和操作,有些人可能是在一个协调组织的层面上工作更多,还有人会监督团队工作的进展,评价团队最后的贡献。不同的团队成员通过分工共同来实现团队的目标。因此,团队构建和分工时,也是要根据成员的能力及特征来进行匹配的。

团队的目标可能是与组织一致的,也可能是自己拟定的;团队中也许有强有力的明确的领导者,也可能领导角色是分享的,成员通过开放的、积极的问题解决会议等完成实际的工作,共享决策权;团队的领导者需要承担很多责任,但是每个成员也要为团队负责;团队成员的能力、经验整合在一起,能够创造出超越个体相加之和的结果。

## 团队的功能与类型

团队由个体组成,组织又由团队构成。所以团队的功能就表现在个体和组织的两个层面。

团队对个体的主要功能有:① 让个体获得安全感。团队成员因为在一起工作的缘故,彼此会从相识到逐步互相了解,产生信任。在工作中体验到来自团队其他成员的关心和帮助,共同面对挑战和压力,就会产生安全感,不感到孤独和恐惧,因为不是一个人在面对;② 让个体体验归属感:当团队中个体通过与其他成员建立联系,感受获得工作友情和支持时,会有比较强烈的归属该团队的倾向;③ 满足自尊的需要。个体在团队总会有一些任务,扮演一些角色,通过自己的工作获得一定的地位,感受自己受到认可和尊重,产生自我效能感,有助于自尊的稳定;④ 增加信心。团队中常常会有共同的讨论得出一致结论的经历,使个体本来把握感不强或者不明确的看法得到明晰或支持,这样就会增强个体的自信心。团队成员心往一处想、力往一处使会让个体感受到"力量感"。

团队对组织的主要功能是:通过合作可以提高组织的工作效率和满意度,增强组织的民主氛围,团队成员参与决策过程使得决策有可能更科学更准确,组织因为不同团队的构架可以在更大范围内应对更多方面的挑战,在多变的现代环境中,有效团队组成的组织具有更加灵活反应、更迅速的能力。

团队类型的分类标准很多,从规模大小和团队存在的目的及拥有自主权的大小提出几种分类。按照团队规模区分:大团队一般在40人以上,团队成员之间有时需要用间接的方式取得联系的;小团队一般不少于2人不超过40人,团队成员之间直接接触的联合体。成员之间交互相对频率较高,直接沟通较多。按照团队存在的目的和拥有自主权的大小区分:问题解决型团队立足于解决问题,如怎样提高质量,提高效率和提高工作状态等,团队成员可以就此交换看法或提供建议,但缺乏实质的决策权力;自我管理型团队履行上层交给的任务,责任范围包括控制节奏、决定任务的分配、安排休闲休息等,甚至可以自行挑选成员构成,相互进行绩效评估;多功能交叉团队由同一等级、不同领域的人组成,他们来到一起的目的就是完成一项任务。多功能交叉团队的成员可能来自同一组织也可能来自不同组织,他们彼此之间交换信息,激发出新的观点,解决面临的问题,协调复杂的项目;虚拟团队成员是分散的,通过计算机技术在虚拟网络平台上进行联系一起来完成某一些任务,形成一个技术链。

## 团队发展阶段

通常来说,团队发展会经历五个阶段,即组建期、动荡期、规范期、执行期和休整期。

组建期顾名思义就是团队形成的初期,团队的目标、结构和领导都不确定。刚刚进入团队的成员既兴奋又紧张,对团队也会抱有很高的期望。这个阶段,非常关键是的就是要形成团队的内部结构框架,包括团队的目标、任务、角色、规模、领导、规范等,另一方面是建立团队与外界的初步联系,建立起与组织和其他团队之间的联系,确立团队权限,建立评估与激励体系等。

动荡期是团队经过组建阶段后,隐藏的问题逐渐显现,团队内部冲突加剧。虽然说团队成员接受了团队的存在,但是对团队加给他们的约束,仍然有所抵制。对是否要建立和持续这个团队,可能还存在争议。这一阶段,热情会被挫折和冲突影响,抗拒、较劲甚至嫉妒的现象都会出现。团队组建之初的基本原则可能被摒弃。成员之间在立场、观念、方法、行为等方面的差异产生的冲突,对环境因素不熟悉或不适应的冲突等都会浮出水面。如果这个阶段不能顺利通过,则团队可能面临分崩离析的结果。

经过一段时间的动荡期,团队进入规范期。团队成员之间关系日渐亲密,相互间表现出理解、关心和友爱,感到了"我们属于一个团队",表现出一定的团队凝聚力。大家再次把注意力转移到目标上来,关注着彼此的合作和团队的发展。动荡期的不适应和冲突得到改善,团队可以共同克服一些建设中遇到的阻力。这一阶段潜在的问题是,成员们为了避免冲突而不能积极提出建议,出现为了维护关系而沉默的状态。

当团队结构稳定,团队规范达成共识,团队结构充分发挥作用了,就进入了执行期。团队成员的注意力已经从试图相互认识和理解转移到充满自信地完成手头任务,建设性地提出不同的建议,通过团队合作和决策来达成团队任务目标。这一期间团队成员互信、彼此尊重,能够接受外部有益输入,也可以自我创新,相对熟练掌握内部冲突的应对方法,让团队显示出巨大的能量。

当团队达成了一定的目标后,也可能会进入休整期。休整期的团队可能是两种结局:① 团队解散。此时团队成员内心体验复杂,既能感受团队成就的愉悦,又可能会伤感共同建立的亲密关系可能存在着疏远的风险;② 团队休整。团队在完成一个周期性的工作后,处于一个休整过渡时期,准备进入下一个工作周期,此时可能会有老的成员流出以及新的成员加入,团队结构发生了一些变化。

经历过完整的团队发展阶段,有益于更好地理解团队。

## 团队合作

合作，是生物界和人类社会普遍存在的一种现象。在现代社会，合作指至少两个人在工作、休闲或社会关系中通过相互帮助，共同活动，以追求共同的目标、享受合作的成果或增进友谊的行为。

合作有三种意义。第一种是相互帮助，即参与合作的所有成员的行为是可以相互替代的，如果一个成员已经从事达到特定目标的某项行为，其他成员就不必重复同一行为；如果一个成员无法完成某种行为，从而阻碍特定目标的达成时，则其他成员可以替代完成，表现为相互帮助。第二种是相互鼓励，成员们彼此为完成任务而发出肯定的情绪表达。若成员的行为能促使本团队更加接近目标时，则成员的行为能为其他参加者所接纳，并受到他们的喜欢与鼓励。第三种是相互支持，即参与者的行为能促使团队更接近共同目标，则其他成员会接受并支持他的行为。

团队合作受到团队目标和所属环境的影响，只有在团队成员都具有跟目标有关的知识技能及与其他成员合作的意愿的基础上，团队合作才有可能成功。信任是合作的基础和前提，互信能够提高团队合作。互信让团队成员把焦点集中在工作而不是其他议题上，能够促进沟通和协调，能够提升合作的品质以及产生相互支持的功能。

现代社会强调团队合作，是因为当完成某一项任务需要多方面的技能、判断或经验的时候，团队合作的方式要比个人方式做得好。那么怎样培养团队合作呢？其一，增强团队成员对团队的认同感。团队成员对所属团队感到自豪，有风雨同舟的感觉会更有利于团队合作。其二，让每一个团队成员认识到彼此之间的协作及贡献对于团队获得成功是至关重要的。换句话说，没有每个成员的贡献团队将会以失败告终。其三，让每个团队成员的贡献都可以衡量，每个人可以清楚地看到别人做了什么，让每个成员都能对自己的行为负责。其四，提高成员之间面对面沟通的机会，让每个人明白对于团队而言什么是重要的。其五，借助来自外部的挑战机制，促使团队成员之间共同合作克服挑战，加深合作体验。

团队合作好且具有高凝聚力的团队常具有以下特点：团队成员对目标有清晰的认识，并保持较为一致的看法；有良好的团队氛围、团队成员关系和谐，意见沟通快，信息交流频繁；有较强的吸引力、向心力，团队成员愿意参加团队活动；团队成员有较强的集体主义精神和责任意识，愿意承担团队的任务；关心和维护团队的利益和荣誉，将团队整体利益放在首位；团队成员有强烈的归属感和团队荣誉感。高凝聚力的团队会有高的绩效结果，团队成员的工作满意度高，对每个成员的成长和发展都有促进。

## 团队领导

汉语中“领导”和“领导人”两个词在使用的时候常区分不太明确，本书更着重于介绍团队领导者特质、行为和领导风格等内容。

如果问每个人，他们心中的“领导是……”，可能会得到很多不同的回答。

因为有多少人试着给领导下定义，领导就有多种定义。尽管定义领导的方法多种多样，但是下面这些因素被认为在“领导”中非常重要：

(1) 领导是一个过程。意味着领导并不是领导者自身富有的一种特质或性格，而是发生在领导者与追随者之间的一种交互活动。过程暗指领导者既影响追随者，也受追随者的影响。它强调领导并不是一种直线的、单向的行为，而是互动的行为。以这种方式定义领导，领导就是每一个人都能成为的，并不只局限于团队当中正式指定的领导者。

(2) 领导需要有影响力。这涉及的是领导者如何影响追随者。

(3) 领导在团队中发生。团队是领导发生的环境。领导会影响有着共同目标的团队学习者。团队可以是小任务团队、社区团队或者是具有完备组织结构的大型团队。领导就是某个人影响团队学习者去达成共同的目标。团队的其他人要求领导的发生。

(4) 领导需要有共同目标。领导者把精力放在努力和自己一起完成目标的人们身上。“共同”意味着领导者和追随者有着共同的目标。关注共同目标给领导增添了一层道德色彩，因为它强调领导者需要和追随者一起达成既定目标。强调共同性减少了领导者用强迫或不道德的方式对待追随者的可能性，同时增强了领导者和追随者共同达成任务的可能性。

基于这些要素，对领导的描述可以是：领导是个人（领导者）影响团队学习者去达成共同目标的过程。

领导特质理论研究贯穿了整个20世纪，但是对这种理论做全面总结是在史托迪进行的两项调查中完成的。在史托迪的研究报告中，能清晰地看出个人特质在领导过程中是如何发挥作用的。史托迪的调查结果表明，一般说来扮演领导角色的个人与团队学习者在以下特质上有所不同：智力、警觉性、洞察力、责任心、主动性、毅力、自信和社交能力。个人不能成为领导者并不仅仅因为个人身上不具有某些特质。领导者具有的特质必须和领导者发挥作用的情境有关。在某一情境中能成为领导者的个人在另一情境中不一定能成为领导者。调查结果表明，领导不是一种被动的状态，而是源于领导者与其他学习者之间的合作关系。史托迪的第二项调查在描述特质作用和领导之间的关系时更为均衡。第一项调查中指出，领导主要是由情境因素而不是由个性因素决定的，第二项调查认为个性和情境因素都会决定领导成败。

史托迪的调查确定了与领导积极相关的特质：

(1) 责任感以及完成任务的动力。

(2) 达成目标的精力和毅力。

(3) 解决问题时的冒险精神和创新精神。

(4) 在社会情境中勇于创新的主动性。

(5) 自信心与自我认同感。

(6) 愿意接受决定和行动后果。

(7) 愿意缓解人际压力。

(8) 愿意忍受挫折和延误。

(9) 影响他人行为的能力。

(10) 为实现目标而构建社会相互作用系统的能力。

团队领导的众多行为可以归结为两种具有典型特性的行为：其一，指挥性行为。通过前瞻地思考构架蓝图，而后布置工作，指导和监督追随者。指挥性行为基本上是单向的沟通，自上而下，包括五个W(What什么，When何时，Where何地，Who什么人，Why为什么)以及一个H(How怎么做)。指挥性行为强的领导者总会希望建立强有力的结构，把事情进展阶段清晰地进行要求，倾向于组织各方面的资源去达成目标，会多一些教追随者如何去做，并会保持监督，喜欢直接纵向领导；其二，支持性行为。这种情况下，领导会更多授权追求者，在追随者自行完成工作后会给予积极的认可，提升追随者自信，也试图扩展追随者的思维，鼓励进行自我创新和冒险探索，提出问题，由团队成员集思广益地解决问题。

不同的领导者采取的行为方式和所表现出的行为特征也被称为领导风格。指挥性行为和支持性行为在每个领导身上也都或多或少存在，并不见得是绝对一种特征。如果用这两种行为作为两个坐标，用强弱区分，就会得到四个象限，区分出四种不同的领导风格。

其一，命令式。指挥性行为强，支持性行为弱。行为上，指挥得多，支持得少。决定权上，决策多半由领导者独自做出。沟通上，多半是单向的沟通。监督上，团队生产力主要靠领导者的监督。解决问题上，通常领导者帮助团队成员解决大量问题。这种领导风格适合团队发展的第一阶段，这一阶段的领导者设定团队成员的角色，提供明确的职责和目标，明确指导团队产生行动计划，告诉期望的工作标准并跟踪反馈，指导追随者，培训他们的基本能力。

其二,带领式。指挥性行为强,支持性行为弱。行为上,高指挥和高支持。决定权上,常征求成员意见以后再做决定。沟通上,双向沟通并提供反馈。监督上,相对命令式减少,但依然保持在一定频率。解决问题上,领导者依然是解决问题的主要角色,但也会尊重团队成员好的建议。这种领导风格匹配的阶段是团队发展的第二阶段。此时领导者可以开始从绝对中心变成稍微远离一些中心。领导者还需要帮助团队成员确认问题所在,设定这一阶段的目标,倾听感受激发创意,支持团队的进步,在征求了意见后做最终决定,并指导任务的完成。

其三,支持式。指挥性行为弱,支持性行为强。行为上,低指挥和高支持。决定权上,更多向团队成员下放。沟通上,领导者多问少说,并常反馈。监督上,次数减少。领导者让追随者参与到问题的确认和目标的设定中,多问少说,激励追随者共同承担责任,必要时提供一些资源、意见和保障,分享决策权。

其四,授权式。指挥性行为弱,支持性行为强。行为上,低指挥和低支持。决定权上,几乎完全下放,但领导者具有最终决定权。沟通上,也是双向沟通并及时反馈。监督上,尽可能地少。解决问题上,鼓励团队成员自己解决。领导者与追随者共同界定问题,共同设定目标,决策时追随者参与程度更高,行动计划也由追随者自己制定,鼓励追随者挑战高难度的工作目标,定期检查和追踪团队的绩效。

## 团体心理训练

### 团体辅导

什么是团体?约翰逊认为,团体是由两个或更多的人通过面对面互动形成的,每个人不仅都意识到自己是团体学习者,是所属团体中的其他人,而且也意识到在他们努力达到共同目标的过程中形成的相互依赖。

团体有一定的规范,使得学习者遵循一定的行为准则,保证团体目标和团体利益的实现。团体学习者之间的关系互动呈现出丰富的表现形式,如紧密型、松散型、支配型和民主型,这些都是团体内心理关系和情感关系的反映,对团体功能和团体目标的实现有直接或间接作用。

组成团体的学习者通常为了某些共同的需要聚集在一起,因目标的相似或相同而形成团体。团体学习者借助语言或非语言的方式相互了解,表达个人观点,适时自我表露,与人分享自己的经验和感受,包容他人的观点和行为,促进个人对自己和他人的觉察，寻求回应和共鸣，互相学习、支持和反馈，寻找乐趣并解决问题，从而满足自我被关注和被尊重的需要，满足安全和归属的需要，满足获取信息和知识的需要，甚至也能获得自我实现的良好感受。

若团体学习者彼此接纳、爱护、尊重和认可，则易产生团体归属感，提高自尊。团体活动可以协助个体观察到他人在相同情境下是如何应对，了解他人对自己的看法，从而对自己有更加清晰的认识。当学习者对自己和他人加深了解后，即增加了对人际互动的预见性，从而提高适应社会的能力。

## 团体辅导相关理论

### 社会学习理论

在古典行为主义理论（刺激—反应理论）的基础上，米勒和多拉德最早以社会刺激取代物体刺激，运用刺激回报和强化等概念来阐释人们的社会模仿行为，提出社会学习理论的最初框架。

班杜拉进一步把人的主观能动性加入行为形成的解释过程之中，彻底改造了行为主义。班杜拉的社会学习理论主要由两大部分组成：论证了社会学习形成的基础和背景的三元交互决定论和学习理论。学习理论强调人的思想、情感和行为不仅受直接经验的影响，也受间接经验的影响，因此主张将依靠直接经验的学习和依靠间接经验的学习综合起来说明人类的学习。

与早期行为主义者不同，班杜拉不仅在环境刺激和行为反应之间加入了主体变量，而且认为存在着一种自我系统，该系统可以用来观察、评价和调节行为。自我系统提供了一种认知参照和图式，环境刺激只有通过主体的选择和认知，才可以激活或者转化为现实的力量，影响人类的行为。

班杜拉认为，行为的自我调节过程包括三个部分：自我观察、判断过程和自我反应。其中，对行为表现进行准确的自我观察是自我调节的首要条件。然后，个体要对观察到的内容作出判断。在判断时可以使用个体原有的内在标准，也可以与他人的行为进行比较，也就是借助社会参照标准来对自己的表现给予评价。除了个人标准和参照标准之外，判断过程还取决于我们对某种活动赋予的总体价值。人类对自己行为的反应是积极的还是消极的，取决于它是否达到自己的个人标准。如果个体达到预期目标，就会体验到骄傲和自我满足。如果行为没有达到这些目标，个体就会进行批评或表示不满，并尝试修正自己的行为，直到达到自我规定的标准。

班杜拉等人进行了一系列的社会学习方面的经典实验，研究发现，儿童以旁观者的身份，通过观察别人的行为表现以及得到的后果，比如，奖励或惩罚，也可以学到该种行为。班杜拉认为，观察学习通常包括以下四个子过程：① 注意过程，显示了一个人的观察方向和目标。在观察学习之初，个体必须首先注意榜样行为，并精确地将其明显特征抽取出来。在此阶段，有很多因素会影响注意的效果，其中最重要的是相关联的影响。注意过程一方面与要模仿的对象有关，如其行为的有效性、特点和价值，另一方面与观察者本人的特点有关，如其感知能力、唤醒水平以及过去的强化经历。一般而言，与学习者经常有固定交往的人，他们的行为类别更容易被学习者反复观察和学习。所以，不同群体的学习者，学习某种行为的机会有显著的差异。观察学习的速度和程度，在很大程度上还取决于榜样行为的性质，比如，吸引力和复杂性等。此外，观察者加工信息的能力也决定了他们所能学到的内容总量。② 保持过程，是观察学习的第二个子过程。观察者如想在以后什么时候再现榜样行为，就必须把观察学习到的东西以符号形式编码和储存在长时记忆中，至少要保持到作出这种行为反应为止。③ 动作再现过程。在这一阶段，个体将符号表征转变成适当的行动。但是，学习者能否用行为的方式显示出观察学习的内容，部分取决于他们是否已具备有关的技能。如果一个人没有相应的动作能力，即使他已经注意到榜样行为并适当保持了编码符号，也不可能再现这种行为。一般来说，学习者会按照榜样行为方式组织自己的反应，从而达到行为再现。在行为实施的初始阶段，学习者是在认知的层次上选择和组织反应，然后通过不断尝试并时时进行监控，根据信息反馈矫正反应，逐渐减少符号表征与行为实施之间的差异，准确地再现观察到的榜样行为。④ 动机过程。个体虽然学到了榜样行为，但是他未必会去实施这一行为。如果要一个人表现出习得的行为，必须有适当的诱因动机。对于动机的激发，班杜拉提出有三种强化方式：直接强化、间接强化和自我强化。也就是说，观察者在下列情况下更愿意采用他们模仿习得的行为：一是可以得到直接的奖励；二是见过其他人因为做出这种行为而得到了相应好处；三是自己内心认为是值得的。

### 精神分析治疗理论

精神分析治疗理论是由奥地利精神病学家弗洛伊德创立的，主要探讨个人在发展过程中适应各种冲突的历程，从心理层面分析造成现在行为的原因。精神分析治疗理论虽不是团体辅导中的主流，但精神分析的思想也会渗透在一些团体辅导方法中。第一位将精神分析理论与技术应用于团体咨询的是沃尔夫。他强调在团体中精神分析不辅导整个团体，而将着眼点放在与其他个体相互交往的每一个学习者。精神分析团体强调在团体中重现个体的早期家庭，通过自由联想、释梦、追溯等技术，通过处理移情、反移情、阻抗、自我防御等，帮助学习者解决积压于内心的问题。

团体就像一个家庭，由不同的学习者构成，每个学习者对其他学习者和带领者的反应反映了他们早期家庭中的动力关系，每一个学习者都将在团体中重新体验他们最初在家庭中体验到的心灵冲突。从这个意义上说，精神分析团体咨询和辅导的目标可以表述为：为学习者提供一种重新体验早年家庭关系的气氛，在团体中重现个体的早期家庭，重构个人的家庭动力关系，以帮助学习者解决积压在心里的问题。在团体中，学习者思考和回顾过去的经历很重要，但也要知道如果迷失在没完没了且不着边际的回顾上，那也是无益的。

潜意识的概念对于精神分析治疗团体是很重要的。按照精神分析的观点，如果团体忽视了对潜意识的分析，而只限于关注参与者们此时此地意识层面的相互作用，这个团体就更像是一个聚会而不是辅导团体。虽然团体咨询并不需要对个体行为和个性特点进行详尽的潜意识分析，但团体带领者应该对此有了解。这样，即便有的时候学习者行为并不直接涉及潜意识，也有助于带领者洞察和把握团体内的互动情况。

团体过程中，自由联想是鼓励学习者在更加自然的状态下揭示被压抑或潜意识内容的过程，以提升对自己心理动力更深刻的洞察。团体学习者常常被要求报告自身的经验，团体讨论保持充分开放，允许其他学习者提出任何内容，每个人都能成为一定意义上的带领者。这种方法还可以促进团体的凝聚力，吸引学习者更加主动地参与到团体活动中来。

### 以人为中心疗法

会心团体是以人为中心疗法的应用。会心团体是一种将重点放在人际交往上，允许个体找出更多自己的东西以及与人联系的方式，并提供一种促进个人成长的可能方式的强化团体。团体心理咨询的目的是促进个人的成长，包括了解自我、增强自信、寻求有意义的人际关系等。会心就是指心与心的沟通和交流，在这种接纳的环境中每个人都可以明显地看出他在对自己的观念和自己的感受上的探索，而这些认识上的变化都可以衡量自己或改变和完善自己。

在会心团体中，团体学习者是团体的中心，在辅导中学习者体验到尊重、信任，处于一种真诚透明的人际关系中，每一个学习者被允许做他自己，可以不受防御机制的阻碍，大胆地表达自己最真实的情感。团体带领者与参加者积极地鼓励其他人表达自己的真实情感，暴露出那些平时未表露出的态度，使每一个学习者都被其他人如实地看待，并从其他学习者的反应中得到关于自己的肯定或否定的反馈，以便真正地认识自我。在团体的发展中，每个学习者都能体会到其他人对自己的关心和尊重,并从他人的评论中得到对自己的客观反馈,从而增加学习者对自己的接纳,改变自己不适应的行为,学会建立满意的人际关系。当然,在这个过程也会有曲折,学习者间也可能出现冲突,但这是暂时的。

以人为中心的团体辅导强调带领者的人格特质、信念和态度,更加重视带领者与学习者之间的关系。在罗杰斯看来,带领者本人就是辅导成功的最重要工具。团体带领者的角色就是学习者自我探索过程中的陪伴者,鼓励学习者对思想与行为之间的不协调以及内部情感与主观体验之间的偏好进行探索,尽可能少地提供结构式与预先的计划和指导。带领者的价值观、生活方式、生活经历和基本的生活哲学所起的作用比其技术、策略或训练的作用大得多。以人为中心的团体强调,带领者应具备某些态度和技能:积极而敏感的倾听、接纳、理解、尊重、反映、澄清、概述、表达个人体验、反应、会心、遵照而非主导团体的节奏、确信学习者自我决定的能力。同时也主张在团体中,带领者表达自己的反应和看法,也鼓励每一个学习者表达自己的反应和看法。

### 理性情绪行为疗法

美国心理学家埃利斯在20世纪中期提出理性情绪疗法,后来将之更改为理性情绪行为疗法。埃利斯描述了理性情绪行为辅导团体的理想在于发展出心理与情绪健康的特质,这些特质包括自我兴趣、社会兴趣、自我教导、容忍、接纳暧昧和不确定、有弹性、科学式思考、履行自我承诺、冒险、自我接纳、广泛的快乐主义、愿意接受不完美、为自己的情绪困扰负责。理性情绪行为疗法的两大主要目标是支持学会无条件自我接纳和无条件接纳他人,进而体会两者之间的关联。在团体中,旨在通过一些方法帮助团体学习者减少和消除不健康的情绪,使他们的生活更加丰富快乐。要让团体学习者明白他们要对自己的情绪负责,容忍、接纳不明确和不确定性,自我接纳并接纳别人。协助学习者消除非理性与自我挫败的观念,并以更理性的观念取而代之,从而改善学习者个人不适应的情绪和行为,学会更为现实和合理的生活哲学。理性情绪行为辅导团体是一种高效的短期辅导,对于有强烈改变动机的学习者最具有效能,可以处理广泛的行为异常问题,比如,焦虑、愤怒、婚姻问题、人际关系失调、亲职技巧、人格异常、强迫、饮食障碍和物质依赖行为等。

埃利斯认为,人生来就具备理性思维和非理性思维。当人们按照理性去思维、行动时,他们就会是愉快的,富有竞争精神及行为有成效的人。情绪是伴随着人的思维产生的,大多数人都有一种制造和保持自己情绪困扰的强大倾向,当不幸的事情发生时,人们倾向于用绝对和教条的不合理、非理性的思维方式去面对这些事件。其实这些情绪和行为的困扰大多是人自己困扰自己,源于人的不合理认知,是生理因素和环境因素共同作用的结果。当人在自我破坏时能意识到自己的认知对自己的负面影响,一旦觉察到自己的不合理认知,他们就可以将认知、情绪和行为方法结合起来改善自己的状况。埃利斯还认为,人们被他们周围的人和事影响着,人们也有意识地影响周围的人。埃利斯相信,人具有能力去了解自己的限制,对自己的价值系统作出评价,所以有机会改变观念和价值,以新的观念、意见和价值代替原有的,进而导致新行为的出现。

情绪ABC理论指在特定情境下,情绪和行为反应的后果C(consequences)是由人们对诱发性事件A(activating events)持有的信念、看法和解释B(beliefs)引起的,而诱发性事件A只是C的间接原因。埃利斯认为,人有能力改变自己的认知、情绪和行为。只要不过多痴迷于事件A,客观承认情绪后果C,改变自己的信念B,即不合理的信念,就可以实现自我转变的目标。团体辅导的着眼点就是,帮助学习者通过对不合理信念进行辩论,确立合理的信念,消除负面情绪,产生新的感觉。

### 格式塔疗法

格式塔疗法的基本假设是:学习者可以直接解决他们的问题,人必须自己找寻生活道路,并接受个人责任。强调学习者此时此地的体验和能力,学习者也可以重演过去的经验,也可以预演未来情景。格式塔的基本出发点是为学习者提供一种氛围,使他们能够提高对自身体验和所作所为的自我意识水平。

格式塔团体重视学习者的自我体验,是非指导性的。格式塔团体注重邀请,而不是命令学习者去体验;注重挑战和正向面质,而不是严厉或批判性地要求学习者必须与原来的自我有所不同;正向面质是一种真诚关心的表现,旨在促进积极的改变,而不是攻击没有防卫能力的学习者。格式塔团体中协助团体学习者在当下活动中体验冲突,而不仅仅是谈论冲突、问题或情感。格式塔团体强调关注语言模式与人格的关系,通过观察自身的言语习惯模式,可以增强学习者的自我觉察能力。语言可以使人们接近自我,也可能远离自我,比如,将语言表达中的第三人称换成第一人称"我",促使学习者对自己所说的内容承担责任。而第二人称开头的句子往往使他人产生防卫态度,隔离了自己和自己的感受等。将"我不能"替换为"我不愿",以协助学习者接受自己的能力并为自己的选择承担相应责任。将"我应该""我必须"改为"我选择"。除此之外,格式塔团体常用的技术还有非语言表达技术、承担责任技术、对话实验、轮流交谈、想象法、预演技术、翻转技术、夸张实验及梦工作等多种行动导向技术。

格式塔团体带领者既不向学习者作出解释,也不告诉他们为什么要这么做,而是由团体学习者自己解释自己的行为,说明并探究自我体验的意义所在。带领者鼓励学习者担负起增强意识的责任，同时在帮助学习者利用各种资源方面扮演积极的角色。带领者积极地参与学习者的互动中，经常对学习者进行自我表露，并通过这种方式和学习者建立良好的关系，在团体中建立一种亲密感。津克在他的著作中写道，带领者的作用好比一个艺术家，在于为学习者创设一种氛围和结构以便于团体自身的创造性和独创性发挥出来。带领者的职责是作为一名引导者和促进者，为学习者设计实践活动，分享学习者的感受，但对问题的探究还是需要学习者自己去完成。

### 存在主义辅导理论

存在主义疗法注重对个体主观世界的探索。对人类的普遍关注和以存在为主题构成了存在主义团体的特点。存在主义疗法的团体是学习者生活和活动的缩影。学习者通过在团体中共同探讨自己存在性的问题可以发现生活的目标，从而促进学习者更加真诚地对待自己，扩大学习者对自我和世界的视野，澄清自己赋予现在和未来生活的意义。存在主义团体围绕探索“我是谁”这个主题聚在一起。强调根植于人类存在的四个基本问题：自由、孤独、死亡和无意义感。基本假设是每个人是自由的，需要对自己的选择和行为承担责任，人是自己生活的创造者而不是环境的牺牲品。存在主义团体的核心是激励学习者经由自我表露现实问题，探索各种替代性方法并从中作出选择，制订计划，进行深刻的自我探索之旅。存在主义疗法认为，带领者和学习者是一种伙伴关系，共同承担辅导风险。存在主义疗法团体带领者的主要角色是促进团体学习者之间有意义关系的形成，为学习者提供一个可以充分讨论存在概念的氛围，鼓励他们重新审视自己的生活，关注现状，使他们共同致力于潜能的发挥和不真实行为的矫正，共同开启通向自我的心灵之门。带领者的任务就是创造一种辅导性同盟，这种同盟关系本身就会促进改变的发生。在团体中，着重发展“我和你”之间高质量的沟通，达到有效康复的效果。

以上这些理论都可以在一定程度上指导着团队学习的实践。

## 团体辅导场地与道具

团体辅导的场地受具体活动项目影响较大，一些静态的情绪放松类活动，以及受天气、环境、声音等影响大的活动，最好安排在条件适宜的室内进行。如果活动开展场地是带领者并不熟悉的地方，需要提前前往了解场地情况，尤其是与安全性有关的踩点。

另外，室内场地的回声状况如何、有无持续的噪声干扰，是否安排音响设备等都需要考虑，特别是带领参加人数多的团体，宽松友好的气氛加上体验式的活动内容和鼓励分享的原则，现场可能是人声鼎沸，不利于团体带领者对整个团体动力的观察和团体活动的把握，团体学习者也可能因为听不清带领者的话而不知所措或分散注意力，影响团体辅导的效果。场地的布置也是带领者需要考虑的事项，让团体学习者走进活动现场的同时就融入预设的氛围情景中，对带领者引导团队达成既定目标也可起到画龙点睛的作用。

一般而言，宽敞、清洁、空气流通、气温适当的场地合乎基本的团体活动条件，如有隔音设计且没有固定桌椅为宜。团体学习者可以在有坐垫的地板或地毯上围坐，或可用可活动的椅子围圈而坐。在足够的活动空间里，学习者可以根据团体活动的要求行动自如为佳。

在团体辅导中，道具可以分为奖励性道具和活动使用道具。奖励性道具是当参与者通过竞赛性游戏之后应给予的奖励，其作用是调动团体学习者参与的积极性或强化积极正向的行为。虽然不一定是具体的物品，但带领者需要掌握的原则是：把握机会给予奖励，宽松鼓励的环境能引导参与者更多地挑战和尝试，在游戏过程中产生积极体验。同时带领者要掌握公平、公正和公开的原则，考虑好要奖励参与者什么行为，对竞赛性游戏，可以奖励团队或个人的表现，也可以奖励同理关怀的态度，在团体辅导的实施过程中，可以奖励团队的互相合作，也可以奖励个人的规则遵守。不论带领者采取何种奖励原则，必须在团体活动的开场阶段以及每一次活动进行前的规则介绍中予以说明，并且在活动过程和结束之际公平作出判断，公正宣布结果并且公开奖励，这样才能引导参与者产生积极的行为，优化团体辅导效果。活动使用道具的种类很多，比如，绳圈、呼啦圈、秒表、齐眉棍、气球、眼罩、纸张、彩笔、各种色彩的布、硬纸板等，不是所有的团体活动都需要道具，而且不同的团体活动根据团体目标，使用的道具也可能不同。

## 团体带领者的准备

团体带领者的身心状态对团体心理辅导与训练的开展有着直接的影响。团体辅导与训练是在健康、信任、接纳、包容的气氛下进行，带领者组织团体学习者形成团体契约，积极参与每一阶段的活动。调动学习者的注意力，引导学习者表达观点，展示才能，在引导学习者互动过程中穿针引线。与此同时，带领者还要注意到学习者在团体中的身心安全，适时提醒安全注意事项等。这就要求团体带领者注意力高度集中、投入，对带领者的身心状态和综合能力要求较高。

团体带领者在带领团体之前可以对自己身心状况作出评估，包括是否具备带领活动的体能状态，是否存在影响带团的情绪问题。在身心状况不佳的情况下带团，不仅无法使学习者获得帮助，同时也会使带领者本人产生负面情绪。

团体带领者要具备一定的团体心理辅导的专业知识，特别是要熟悉所带领活动的内容。如果毫无团体带领经验或者团体体验经验，也不熟悉每个环节的安排和要领，带领者的现场慌乱会导致团体过程的混乱或中断，从而影响团体活动的效果。因此，如果是初次带领团体的辅导者，最好在自己带领之前参加别的带领者组织的活动，体验参与者的感受并熟悉活动流程。带领自己体验过的游戏，一方面能增加对参与者的共感，另一方面能避免临场的紧张情绪。即使是有多次带团经验的带领者，也需要事先温习准备带领的团体活动的内容，以便使整个团体活动进展流畅。如果所带团体规模较大，可以由两人一起带领，或者以一人为主，邀请一名或一名以上的助理协助带团。这样，带领者之间互相配合，能更好地兼顾较大团体中每个学习者的反应和需求。但是，带领者之间对于活动的设计以及团队的目标必须在团体活动前充分沟通，尤其是团队形成初期带领者更多担当指导者角色时，带领者之间对于活动目标或规则的不一致表达，或者带领者的态度情绪有明显不同，都会使团体学习者无所适从。带领者之间只有尽可能配合默契，才能在活动带领中起到取长补短相互推动的效果。

团体辅导顺利有效地开展和进行，离不开一名称职的、优秀的团体带领者。团体带领者是团体的核心人物，指导着团体发展的方向，把握着团体发展的动力，更是团体辅导成功的关键要素。团体带领者是在团体运作过程中负责带领和指引团体走向的人，是实际对于别人和团体具有影响力的人。所以，团体带领者的素质、能力、风格、经验、培训、态度等都成为团体辅导重要的影响因素。团体准备阶段和初始阶段，带领者的主要任务有所不同。

## 团体带领者的主要任务

准备阶段，是形成团体的过程。在团体形成之前，确定团体的总体目标。

明确团体是开放式还是封闭式，是同质性还是非同质性，是短期团体还是长期团体，团体规模人数是多少，团体聚会的场所、频率、持续时间是怎样的，团体活动的结果和形式如何等。

设计一个明确的书面计划，以构建一个团体。

进行团体辅导活动的宣传和学习者招募。

对团体学习者进行甄别和筛选，并确定团体学习者。此时带领者要考虑哪些学习者是能够从辅导中获益的，而哪些学习者可能是对团体不利的或不适合团体辅导的，这可能会影响到后期团体的发展。

为指导工作作好充分的心理准备和物资准备，并与合作带领者沟通交流。

获得团体学习者的知情同意，告知团体活动可能遇到的情况。

初始阶段，是定向和探索的时期，需要确定团体的结构，学习者彼此陌生需要相互熟悉，需要了解学习者的期望，建立和维护团体信任感。

告知团体学习者一些关于积极参与的一般指导原则和方法，帮助学习者积极参与到团体活动中。

制定一些基本规则和规范。

教授学习者有关团体辅导的基本原理。

协助学习者表达他们的恐惧、期望，努力促进信任感的建立。

对团体学习者坦诚相待，对他们从心理上给予及时回应和关照。

澄清责任分工。

协助学习者建立个人的具体目标。

帮助学习者表达他们的想法和感受，开诚布公地处理团体学习者的担忧和问题。

评价团体的需要，促使这些需要得到满足。

## 团体活动设计

团体活动项目安排一般为热身活动、主题活动和告别活动组合。热身活动为团体开场打破僵局，促使学习者进入团体增加团体凝聚力，增进学习者彼此互动为主要活动作准备。热身活动切忌过多过长，一般15～20分钟。热身不足，团体难以有效起动；热身过度会本末倒置，影响团体正常进行。主题活动是根据团体目标而专门设计的活动。常用的活动类型有绘画、深入讨论、角色扮演等。一般每次团体结束前5～10分钟，带领者进行总结，通过让学习者分享心得与巩固所学，预告下次团体的主题，指定家庭作业使学习者实践。

团体计划书的内容可以包括下列项目：① 团体的名称、性质；② 团体的目标，即团体要达到怎样的目标行为或效果；理论基础，依据哪种理论或观点达成目标；③ 探讨的主题与内容，团体活动包括哪些课题及内容；④ 主要对象，此团体为谁设计？学习者的条件是什么？遴选方法有哪些？⑤ 团体结构，结构式或非结构式，开放式或封闭式，志愿性或非志愿性等；⑥ 带领者，资历与经验如何？⑦ 场所：地点所在及所需设备；⑧ 效果评估，评估方法及工具；⑨ 费用，是否收费？费用多少？

团体辅导的顺利开展是基于团体带领者和学习者之间的互相尊重与配合。为保证团体正常发挥功能，双方都需要遵守一定的规则。规则的制订可以采取开放的方式，邀请学习者共同讨论团体规范，并在团体过程中不断引导示范。保密、守时，不可人身攻击等也需要强调说明。

团体契约包括对带领者的约束和对学习者的要求。对团体带领者的要求是：准备每次团体聚会；每次团体聚会准时开始、准时结束；提供每次团体聚会所需活动、器材等；只与相关同事或督导讨论团体聚会内容；自己评估每次聚会是否符合学习者目的，满足学习者需求；提供相关资源以协助学习者达成其目标。除了规范的内容之外，还需要带领者和学习者各自签名并写上日期。

对团体学习者的要求包括：参加每次团体聚会；遵守不迟到早退的规定；团体中发生的事情绝对不在团体外讲述；完成团体内布置的任务或要求；每次聚会完全投入所有活动。为了使团体学习者更好地在团体中受益，强调一些原则会鼓励学习者积极参与团体，包括：注意自己的感受，主动参与和积极表达自己，团体学习者可以讨论任何与团体目标及个人有关的主题，但自己有权决定自我开放的程度，必要时也可以插入别人的谈话；倾听和关心别人，也尽可能给予别人适当的反馈，但避免忠告、建议和讥讽；可以合理、肯定而不具有攻击性地表达情绪，包括正面、反面的情绪；经常审视反观团体的过程是否能够增进学习，团体的行为是否有助于促进团体的目标；带领团体不只是带领者个人的责任，团体的每一位学习者都可以具有带领的功能。

## 团体辅导中的过程技术

过程技术是维持和发展团体并有效促进学习者改变的技术的总称。

引导参与技术。团体带领者能依照学习者的个人需要去引导他们，提供足够的背景资料，刺激学习者思考、沟通以确定解决问题的行动。团体带领者必须鼓励并协助学习者讨论和决定团体事务，鼓励并提供学习者民主参与的机会，不使过于活跃的人剥夺他人机会，也不使拘谨的人袖手旁观，失去参与活动的机会。引导参与技术还包括以事实为中心，避免无谓的纷争，增进团体的向心力。团体进行过程中当带领者发现以下现象时，应尽快介入，加以引导。① 团体中某个学习者试图替别人表达想法；② 学习者注意力集中在团体之外的人或事；③ 有人说话前后寻求他人的认同；④ 有人说，我不想伤害他的感觉，所以我不说了；⑤ 学习者中有人认为其问题是由团体中的某人引起的；⑥ 某学习者认为，我一直都是那样；⑦ 有人认为，我只要等待，事情就会转变；⑧ 团体中有不一致的行为出现；⑨ 团体分享变成无效率的漫谈。

若团体中学习者有不同意见或个体差异大时，可让他们分为内外圈，以增进了解并探讨彼此的差异。如将较沉默的与较活跃的分为内外圈，或请赞同或否定某种意见的分为内外圈，彼此谈论，倾听个人感受与想法，最后归纳整理。

行为训练技术。行为训练是以学习理论为指导，通过特定程序学习并强化适应的行为,纠正并消除不适应行为的方法。团体辅导中行为训练是通过带领者的示范和学习者之间人际互动形式实现的。行为训练不仅适用于存在心理适应问题的人,也适用于心理健康的人。在学校教育中,行为训练是一种有效促进学生成长的方法。在团体中进行行为训练要遵循一些基本原则,包括由易到难、提供示范和及时强化等。

结束技术。结束技术包括聚会结束的技术和团体整个历程结束的技术。怎样使团体愉快地结束需要运用一些技术。有四种方式:第一是结束之前,学习者互赠小礼物,道别祝福;第二是带领者在结束时对团体辅导作简要回顾和总结;第三是团体学习者审视自己在团体中扮演的角色是否达到期望,自己的收获和感受;第四是展望未来,明确今后应该怎么做,巩固团体辅导的效果。在团体即将结束时,带领者最好在结束前一两次团体活动先预告学习者,让学习者提早作心理准备,处理想解决但未完成的问题,也可先讨论分离的情绪、整理所得、制订或修改行动计划。若是自发性强的团体,可以让团体决定最适当的结束方式。团体结束后的追踪聚会、问卷或访谈等评估工作也是必要的,了解团体学习者是否可以将团体中的所学应用于生活领域。

## 本章小结

关于团队合作、团队领导,有太多有价值的经验,本书只能提供一些关于团队建设的活动设计和相关知识,其目的还是和大家一起去推开这扇门,继续去探索,去成长!

# 附录一　课程学习心得

## 回望、再思

陈奕均

我在研一上时参加了2019年秋天的课程，目前博二下。

四月无疑是一个美好的季节。春和景明，万象更新。就是在一个这样的美好的日子，宋老师来找我，询问能否写一份当年参加过的课程的学习心得。我欣然同意，这算是我在读研以来最特别的一门课了。

那是2019年的秋天，我刚迈入二十岁，带着对读研的迷茫和焦虑开始了新的旅程。也是那个秋天，我选了宋老师的“心理拓展与团队训练”。大三时，我曾选过宋老师的“交往训练”，对宋老师的授课方式和风格有一定了解。当时我想，宋老师的课程应该能缓解我的焦虑吧。实际上，也确实如此。

在团队训练中，我们被分成了好几组，以组为形式参加各种游戏。时间过去三四年，我已经不太记得清所有的游戏。但能记得住的是，游戏范围很广，有考验智力和操作的，也有一些偏运动、需要身体协调配合的。我还记得当时印象最深刻的一个博弈游戏，大概是一个迭代的囚徒困境游戏。我们需要去跟其他组进行谈判，根据谈判的内容以及小组内的讨论决定是合作还是背叛。我们组不是得分最高的。但在每次谈判和讨论中，我们都很开心，没有后悔过做出的决策。在某一些瞬间，我会想到我们好像一个年轻的创业团队，一起努力和奋斗着，追求更好的结果，但也落子无悔。就这样，我们在一周一次的游戏中增强了团队凝聚力。

课程的结尾是一个话剧表演，是在冬至过后的那一周。然而，当时的我因为实验室的安排，远赴北京出差一周，错过了这个精彩的表演。我所能做的，只是帮忙找了个师弟去录像。这其实是个很可惜的事情。对于研究生而言，往往是实验室的科研安排大于其他，甚至包括一些课程。这也往往意味了，研究生的生活大半都是在实验室中度过的，认识新朋友、融入新集体以及提升类似这堂课中的沟通协作能力的机会可能稍有欠缺。如今读至博士，回头去看，越发庆幸当时选了那么一门课。

有一次课程，我们没有做游戏。宋老师花了一个下午带我们了解了认知行为疗法。在那之前，我对这个方法的认识仅限名字。对我个人而言，这个方法应该是学习这门课最大的收获。认知行为疗法的核心思想是，人的情感和行为是由其思维模式所决定的。如果一个人的思维模式出现了问题，那么他的情感和行为也会受到影响。因此，重点在于如何调整和改变底层的核心思维模式。宋老师在课上对这些原理进行了充分的解释，并带我们试着体验了如何区分情感和行为，如何辨认和纠正负面思维模式，以及如何在行为上进行改变。这无疑是一种很有效的方法。在那节课后我迅速下单了一本书，Corinne Sweet的《认知与改变》。既然被引领进一个新的大门，我不应该浅尝辄止然后放弃，而应该紧紧抓住机会加深学习。在后来的不断思考和实践中，我确实改变了一些内心的自卑，例如，觉得自己不值得被关注、被肯定和被爱。而这种反思和探索，也不会随着这些改变而停止，这会是持续一生的课程。我们总会在新的一天遇到新的困难，也需要做出新的思考和新的调整。而这一切，我都愿意归功于那一个秋天的下午，宋老师在讲台上耐心地和我们介绍着认知行为疗法。

那一年课上游戏的乐趣已经停在了2019年。而这几年又发生了太多事情，沧海桑田，物是人非。但幸运的是，我与当时那门课上认识的朋友还有联系，也和宋老师保持着相对频繁的联络，而宋老师教会我的，也已经深植在我的思想和行为中，成为我面对生活的重要力量。这些温柔而坚定的力量，就像春天一样，是希望。

## 拓展自我，为更好的自己赋能

周哲

宋怡老师的“心理拓展与团队训练”是我在研究生时期选修的课程，虽然从中国科大已经毕业多年，但现今回想起上这门课的点滴，内心依然被快乐充斥着，每节课都是开心度过又有收获的，是学生时代一段难忘的时光。

在科大的学习生活中，专业学习和科研实验会占据我们大部分的时间和精力，我们也在不断训练着自己去具备严谨的思维逻辑和冷静的心理素质。而“心理拓展与团队训练”这门课，更多的是教大家关注自己的感受和体验，从而引发思考。宋老师风趣幽默又极具亲和力，在她的影响下，课堂氛围总是轻松的，同学之间的连接也具备正反馈机制。课程参与过程中，我会感觉自己犹如置身在柔软的棉花团中，不管自己什么状态都是可以被接纳的，从而逐渐放松，不由得释放出更多的触角，挖掘并呈现出不同情境下更多面的自己。

团队训练的基本原理是应用行为心理学、认知心理学和社会心理学等学科，以参与者为主体，将心理、潜能激发、管理、团队等元素融入学习的情景中。宋老师的教学方法很适合科大的同学，有趣又有思考价值，在课程中设计的每个主题活动都具备代表性，大多数活动令人印象深刻。“惊鸿一瞥”，初相识的班级成员在紧张刺激的氛围下识人喊名，迅速打破了人际关系的生疏感，这对于内敛矜持偏多的理工生来说是性格上很大的突破。在“盲行天使”中，带领被蒙上双眼的搭档在校园内行走，使我们感受到了信任与被信任的力量，让我们意识到在什么情况下内心才会信赖别人，也教会我们与人接触时如何使别人感受到安全感。“如果我是你”的游戏别出心裁，通过回答一些问题判断自己对搭档的了解是否准确，为我们深入了解合作的搭档打开窗口。印象最深刻的便是“信任背摔”，完全把自己的后背交给队友们，在一次次的互动中增强团队的责任感和信任感，我们在其中也清晰地感受到自己的担心如何被化解，以及团队的协作力量有多强大。还有“吸管筑塔”“心有千千结”“驿站传书”“我说你画”等主题活动，都是不同的情景体验，使我们不断打破固有思维，对自我和团体协作都有新的认知。我感受到了突破自我后的激动心情，那是源源不断的生命力，能令人心生出更多的勇气。我看到了团队协作中队友们不同的思维和视角，那是集体的智慧，能让人在团队建设中获得新的启发。我更多的体会到了信任的重要性，不管是人际交往还是团队协作，信任是永恒的基石，而如何建立信任需要十分用心地付出和感受。宋老师在每堂课活动结束后，都会很细心地根据大家的表现进行总结，剖析我们自我暴露后呈现出的特点，这对于我们来说是很珍贵的观察和反馈。

非常感谢这门课丰富了我在科大的学习，也让我收获了跟同学之间真挚、坦诚的友谊。体验式学习是对认知的扩充，构成了思维的一部分，对我之后的生活和工作也有着深远的影响。

正是这次选修课的契机，我开始接触心理学，注重关注自我感受。我学会了用认知行为法解决自己冒出来的负面情绪，用精神分析法挖掘自己一些固有的心理习惯，这些都是不能用逻辑推导和目标约束可以达到的。在实现自我价值的人生历程中，我也学会了对自己的无条件接纳，拥有了更加坚韧的心理状态和更加圆融的性格。工作中，对于团队的协作，更加注重信任的力量，也能明白如何有效建立信任。多年之后回望，选修宋怡老师的“心理拓展与团队训练”是我认为最有收获的一个选择，有幸在这门课程的影响和赋能下，我成长为了更好的自己。

## 欢声笑语，因为有你

飞鱼

“心理拓展与团队训练”，这是我八年前选修的一门课程，那时我博士二年级。感谢这门课程，让我在压力较大的读博期间也拥有了欢声笑语。现在回想起来，依然印象深刻。作为理科生，从本科到读博，都很少接触心理学，通过这门课程的学习，我对心理学的理论和实践有了初步的了解，很受用！

在课程学习中，通过各种测试，我开始关注自己，并试着去了解自己，这是我之前很少做的。了解自己，有助于职业选择，也能够帮助我们寻找更加适合自己的生活。学会倾听内心的声音，才能较好地保持自我，更加热爱生活。

本课程的一大特色在于团队。九把刀，是我们的团队名，我是“九把刀”的一员。我们有自己的队旗、队歌、口号、章程，我们一起参加任务，分享心得体会，挥洒汗水，也播撒了快乐，真是一路欢笑“九把刀”。由于课程特点，大家都能敞开心扉，分享自己的内心世界，这也让大家很快融为一体。本课程的另一大特点在于体验。虽然课时有限，却设计了许多有意义的体验。这些活动中，有些是我们在日常生活中很少接触的，比如“盲行天使”，能够让我们学会换位思考，懂得关心他人，信任他人，也体会到信任的重要性。有些活动是我们今后会遇到的，比如“翻叶子”。在这项活动中，我们每个人身在其中，都扮演着一定的角色，每个人要根据自身条件发挥应有的作用，实现团队目标，即使陷入困境，我们也应该坚定信念，努力迈出步伐，用行动打破笼罩的阴霾，把叶子翻过去！

中国科大是理工科学校，人文气息的营造十分重要，“心理拓展与团队训练”就在发挥重要作用。希望大家重视心理健康，参加心理课，如阳光般灿烂地生活。

最后，感谢宋老师的辛勤付出！感谢负责任的队长！感谢善良有爱的“九把刀”队友们！

# “心理拓展与团队训练”学习心得一

徐晗

收到老师的消息，想到我的“心理拓展与团队训练”这门课已经结束一年了。刚才坐在飞机上翻了翻一年前的相册，发现那半年有好多照片都是心理课上的，从我们小团队最开始设计的队徽，大家讨论的截图，分享的日落，上课做游戏的瞬间。

那一瞬间突然感伤了。我想起了最后一节心理课下课铃响起时我的落寞。最后一节心理课也是我在合肥，在科大的最后一次课，铃声响起代表着我在科大学生生涯的结束，在合肥的生活画上了句号。

我在合肥的一年是住在单人寝室的，没有室友，记得有一阵疫情的时候最离谱的是我一周几乎没和别人说过话，在屋子里面待着。平时上课也大都不认识，我们研究所在合肥代培的人很少，上课也不能说话，所以这半年在合肥的生活是真的很冷清。可能这一年我习惯了孤单，但我没有爱上它，我仍是个喜欢热闹的人。

感谢心理拓展与团队训练课的出现，让我无聊又孤单的生活有了一些欢乐。这门课是我在科大印象最深的，我觉得这种上课的方式是我之前从来没有接触过的，以往上的心理学大都是老师在台上一直在讲理论，对学生而言并没有很大的吸引力，这种形式的课堂我们可以随意接梗，一起做游戏，打破隔阂，每周在课上的欢乐瞬间我一个人在房间里时会无数次回想。

我是个爱热闹的人，我开玩笑的说独处的时候每天深夜都会积累压抑的情绪，积累一周到周四心理学的课上就会把负面情绪全清空，周四的心理课被我誉为“心灵排毒”课。

我当时思考了很多种方法想把时间定格住，未果。很遗憾那学期结束了，这门课只能成为回忆，还记得老师说回忆总是有好处的，照片会记录彼时的美好。看完了心理课上的全部相片，我在想现在上着这门课的那些人几年后也会像我一样怀念吧。

# “心理拓展与团队训练”学习心得二

法法

距离结课已经三年多了，我也早已离开学校步入工作，得知宋老师在收集这门课的学习者的心得集锦，不由想到在科大的那段令人怀念的岁月，写下这门课的学习心得，希望可以被收录。

这门课令我印象最深刻的就是，每次来上课之前都不知道这次课的内容是什么，这种开“盲盒”的模式让我没有缺席那学期的每一节课，面对不同的课程内容，我们有机会将很多个第一次展现在课堂上，第一次面对某种团队情形，第一次这种形式发言，第一次和某些同学组队实践……特意翻开当时的课程总结，“齐眉棍”“盲行天使”“蚂蚁军团”……一个个实践游戏让我印象深刻，时隔三年多我依然清晰的记得其中的一些场景。课程中的最大收获，不仅仅是老师每堂课后的总结提炼，更有意义的是课程内容会让我有一些思考。在老师和助教的目光下，我会努力做好眼前的事，尽可能表现出自己最好的一面，然后得到老师和助教的反馈，这个过程让我沉淀，让我回顾反思，让我对未来的一些场景有一些心理准备。当然课堂上会出现很多优秀的同学，优秀的行为被赞扬，这些都是我变得更优秀的榜样。

很幸运在研究生阶段选修过这样一门课，在专业知识学习的同时，这门课让我学会调整自己、妥善处理生活中的事情，这同样很重要。仔细想想除了课程上宝贵的回忆和一些有趣的实践，我学到了什么，我好像没有刻意记住什么知识点，但是在很多工作场景、科研场景中我好像多了一些团队意识的考虑、一些更得体的举动、一些置身事外的思考，或许我已经在这门课中学到了东西。

让我印象最深刻的是每次等待人员到齐的课前时间和课程尾声的总结时间，宋老师总是能在一边踱步一边表达，说出一些让我非常认同却一直在忽略或者表达不出来的句子，仰慕之情油然而生，这或许就是心理学老师的个人魅力吧。

# “心理拓展与团队训练”学习心得三

管理学院小郭

一开始参加心拓这门课程，首先是那个广为人知的理由，好拿学分，其次就是当时学院研究生会在办各种各样的活动，而我作为负责人来到了灵感的枯水期。活动的想法和方案就像一团淤泥卡在脑袋里一动不动，所以我本着“读书人的事情，怎么能叫偷呢”的想法，来到心拓课程上窃取活动灵感。不得不承认的是，这门课程，的确能给我很多灵感，比如说盲行天使的活动，就被我照搬到了“樱花游”的宣传片思路里。

但如果从内心深层次来讲，我还是去体验放松感的，日常的学业忙碌、安排的事务众多总会有一种想要透口气的感觉，在这个课堂上，至少我能感受到心灵的SAP，它是一种久违的松弛感，因为自己心里知道，这一个半小时的课程时间，是可以任由心灵摆烂的。最近很火的东亚青年的“gap day”，虽然觉得比起“gap year”来说是个伪概念，但是我更愿意去相信，的确，在内卷严重的当下，我们不仅需要“gap day”甚至是“gap hour”都能让人短暂地休息，更好的前进。而这个课程，我更愿意称它为“gap lesson”。至少在课堂上，不用去思考今天的论文进度怎么样，今天的工作有没有完成、今天的经历是不是充实且有收获。吾日三省吾身，但至少在这个课堂上，不用再自省。

我一直喜欢充满确定性的东西。我很难接受不确定因素的突发，因此，我是排斥在本科期间的教授随机分组的，他和我们说，要接受多样性，并且利多样性来创造团队优势，我不信，我不信的理由很深刻，教授们随机分组的结果就是课堂的presentation工作基本由我一人包揽，我当时觉得，自己如果能够成为一个团队，那就不需要合作了。教授对于多样性的执着，并没有让我从多样性中感受到团队合作的融洽，相反，我像一个本就羸弱的妇人，拖着一群等待着我带来满汉全席（高分数）的孩子。索性大三大四的教授仿佛逐渐放弃了多样性，开始让我们自由组队，于是，我们几个“I”属性（MBTI人格测试中的内向型）的同志们紧紧抱团，直到毕业。但是在接触了心拓这门课程之后，我知道，我们不可能永远只单单和自己感到舒适的人粘在一起，还是要走出舒适圈，去和不一样的人沟通。说实话，我觉得我是一个挺外向的人，但是这种外向，是任务驱动型的，我称这种属性为“薛定谔的外向”，当你给我一个任务时，我会毫不犹豫地向你开口与你交流，然而，当这种任务驱动消失之后，我一句话都不想说。我记得心拓课程上的破冰，是要去和别人握手，然后交换彼此的身份信息，当时我想，这是一个任务，所以很好开口，但是随着游戏的进行，我感到了松弛感，于是放下了任务驱动的主体，开始真正去记忆，去感受，去理解陌生人的身份。

在别人眼里，我是个挺“社牛”的人，喜欢和人交流，喜欢出去玩，喜欢把自己的生活塞得满满当当，但是有时候我会很享受自己一个人的时间，去做自己喜欢的事情且无人陪伴。这门课程给我的体验是，你既可以把自己放在人潮汹涌的课堂互动之上，也可以把自己放到课堂的角落里观察别人的人生和热情。不得不说，这种体验很新奇，有的人分享日落，有的人开始减重计划，有的人分享歌曲，有的人只想好好活着。在这里，我看到了太多不同的人生体验，也开始觉得可以放弃任务驱动型的外向。重新去找到那个可以松弛又可以紧绷的人生状态。

## 我的“心理拓展与团队训练”课程历程

某同学

心理拓展与团队训练是一门百上不厌的课，就我自身来说，我分别以学生及课程协助者的身份参与了三四个学期的课程。这是一门展示人与人之间建立连接的课程，因此每学期和不同的同学参加同一门课程都会有全新的体验，课程中的学生来自不同的背景和专业，形成了多元化的课堂氛围。这样的环境有助于学生之间的交流和互动，使得课程变得更加有趣和有挑战性。学生们可以在探讨问题、分享经验的过程中，建立深厚的友谊和信任，从而增强课程的吸引力。我想这也是宋老师开设这门课程并能乐在其中的原因之一。说到宋老师，她具备独特的教学风格和方法，能够吸引学生的注意力并激发他们的兴趣。她在课堂上运用生动的实例、幽默的语言和富有创意的教学手段，使得学生沉浸在愉快的氛围中。

更重要的是这门课给我自己带来的突破。老实说，作为研究生，苦闷和沮丧是生活的背景色，但“心理拓展与团队训练”为我的研究生生活带来了一抹明快。在这个课堂上我能够不受限制毫无顾虑地表达自我，我能够感受到自身作为独立个体存在于这个世上。这是我的整个研究生培养过程中，甚至整个人生中的宝贵体验。

最后，我作为一名经验丰富的课堂参与者，恳请使用这本课程的老师或者同学记住一句话：没有“翻叶子”和“齐眉棍”的心理拓展与团队训练，毫无意义！

## “心理拓展与团队训练”学习心得四

王兴平，中国科学院合肥研究院博士后

心理健康对一个人的学业和职业发展的影响是不容忽视的。宋老师的“心理拓展与团队训练”课程内容丰富、形式多样，让我感受到了与人沟通的快乐，这对我的科研很有帮助。当下，我们处在一个合作共赢的时代，需要我们保持良好的合作与竞争意识，并置身于团队当中，才能发挥出最大的个人价值。但个人心理有阴晴圆缺，心理拓展是终身的课程，相信这门课会是更多人走向美好人生的新起点。

## “心理拓展与团队训练”学习心得五

思景

时光荏苒，我作为学生而非助教上这门课程已经是4年多前的事情了。还记得当年选这门课的初衷是为了提升自己的人文素养这样一个非常“小布”的理由。虽然现在回想起来会觉得不可思议，但是仍然要感叹人类的有限性确实是一笔财富，因为正是这样一个不成熟的理由，使我邂逅了这门非常有趣且对我很宝贵的课程。

虽说现在已经几乎没有再和当年的队友们联系了(除了其中一位与我是一个实验室的家伙)，但是我仍然记得我们的队名是“乐分享”，其宗旨或者说目标就是分享自己任何想要分享的事情。我十分喜欢这个目标以及我们队伍的氛围，尽管我已经忘记了当时分享的具体内容，但是那个氛围给我的感觉我却还能回忆起来。也正是因为我非常不舍这样的感觉，因此我才会选择作为助教来参与到之后几年的课程中去。

对于课程内容，作为学生，我印象最深刻的要数“管理金字塔”，这个游戏很好的模拟了公司的一个运行场景，即一个命令或信息是如何从高层到中层，然后到底层，最后又返回高层的。在那个游戏中，我担任的是中层，尤记得我是如何累死累活，而高层却只需要轻轻地发送命令，而底层只需要忠实地执行我们转述过的命令，有时甚至由于我们中层的转换效率差，他们无事可做，只是单纯地看着我们中层在忙碌。这样的体验对于我这个从来没有参加过社会工作的学生来说，是非常独特的，也是非常有启发性的。其次是“蚂蚁军团”以及“齐眉棍”，对于前者，我们队当时费了很大的劲才终于成功，这个游戏也很大地增强了队伍凝聚力；对于后者，我们队虽然努力了，但是最终没有成功。后来，做了助教，我还参加过几次，我发现“齐眉棍”这个游戏成功的关键点在于队伍气质，整体气质比较安静的队伍比整体气质比较活跃的队伍更容易成功。而作为助教，我印象深刻的部分并非哪个游戏，而是那些形形色色的、各式各样的队伍和那一张张我虽然叫不上名字的笑脸。尤记得“一路向北”队，虽然只有三个人，虽然队长不怎么到课，但是他们仍然很好地达成了他们最初定下来的骑行目标，而且最后的期末汇报也十分出色，以至于我当时也对骑行有些心痒，虽然到现在都没有行动。还记得有一个队伍，其期末展示是一个话剧，讲的是一个人格分裂患者的不同人格之间的一个故事。虽然以表演话剧为目标的队伍也不少，但是他们队伍给我留下了深刻的印象。原因是他们队伍在整个学期都表现得比较闷，队伍中的人都相对内向，但是他们却在话剧中将不同的人格的特点演绎得很到位，是我看到的最好的期末展示，没有之一。现在想来，或许这说明了“涌现”这种外向的方式并非存在的唯一样态，存在主义说“存在先于本质”，儒家讲“君子不器”，这其实都指向了另一种存在的样态，一种内向的方式，一种“回缩”。因为只有“不涌现”，才会没有一种本质，才能“不器”，也才会可以变换成百态，就像这个队伍所饰演的不同人格的角色那样。

最后，十分感谢宋老师可以开设这样一个独特的、令人感到快乐的课程。由衷地希望这门课可以越办越好，可以为更多的学生带来快乐与帮助。

## “心理拓展与团队训练”学习心得六

可爱的欢欢猪(教培行业工作 6 年)

毕业多年，再说到要写一份学习心得，我首先想到的是获得了一段开心快乐的时光和理智而温和的友谊，它就像繁重的研究生生活中的一块巧克力蛋糕，清新又甜美。宋怡老师是一个可以谈心、真诚、亲和的朋友，我们一群小伙伴不但在课堂中做各种任务型游戏，课下还自发组织去玩了密室逃脱、登山等。

刚开始我是被闺蜜拉着一起去选了“心理拓展与团队训练”的课程，它的上课形式也不限于在教室中，基本上我们上课把科大东区的校园逛了个遍。上课的内容主要是以小组的形式完成任务挑战，在合作和交流中，思维的碰撞时时存在。你会发现自己、小伙伴、团队整体在分析问题中的各种“小问题”和“小惊喜”，非常有趣；当你和同伴在完成任务时产生意见分歧时，又会觉得非常着急，也会比较生气；但是作为一个团队，我们又必须“团结一致”地去达成一个确定的任务目标——在这个过程中我们也不得不练习如何与其他成员沟通协调，如何以目标为导向推进任务，思维定势也是影响问题解决的一大难题。

工作多年，也更能让我感受到团队合作的重要性，建立一个成熟而充满生气的团队，更多的可能需要在实际锻炼中不断地总结和反思，之前学习到的理论和操作，也许只有当你真正面对问题的时候才能体会。

## “心理拓展与团队训练”学习心得七

吴柚子，化院 21 级研究生

有幸在研一开始的时候上了宋老师的团队心理学课程，我收获了伙伴、知识以及在千篇一律为了学业焦虑的生活中可以时时回忆起的有趣片段。在老师的引导下，每节课我都能发现许多平时生活中常常忽略的规律和道理。有的关于习惯性服从，比如，老师在带我们做游戏时说，如果她不是老师这个身份，我们是否还会像现在一样按她的口令去做这些平时做起来有些怪异的动作。当金鸡独立摇摇欲坠时，我才终于体会到平时专业课堂上老师常常说的要挑战权威、勇于质疑的道理。有的关于人性与交易，在课堂的交易中，被欺骗后，我们组想出新的欺骗手法获得了胜利。结束阶段，对方组完全忘记了他们是先选择欺骗的一方，对于我们的低劣行为予以斥责。然而作为胜者的我们却不以为意，因为规则定义的桂冠已经戴在我们头顶，对方如何怒气冲天也无济于事，但如果我们是那个败者呢？可见胜者的宽容往往来得更容易，因为怒气与言语难以影响最终的得失。这样想想，在失败时能够不卑不亢，往往比胜者的种种美德更值得赞誉。当然，这个游戏也不止于此，有的组选择在最后让出胜利，有人不计得失一直愿意支付自己的善良，有人可敬有人平凡，宋老师的课堂总能让我窥见一点自己普通的人生会有的景象。

内容太多，一时短短说不尽，除了人生感悟和对自身的反思这种千人千面的东西，课堂上我还能收获到很多关于人际交往的技巧。在这里我遇见了一队很可爱的人，他们每个人都闪闪发光，有人特长突出有人善于配合，我们一起完成了很多任务，创造了许多回忆。在这些过程中，如何迅速拉近和他人的关系？如何建立一个友爱又互助的团体？答案就在宋老师的课堂上丰富多彩的内容里。

# 附录二　体验者设计组织游戏化学习心得

## “退休老人集散地”团队的任务课准备及实施总结

### 准备阶段

确定主题的环节是在刚下课时，虽然那时离展示已仅剩两周，但我们并没有立刻组织起来，大家在第一周更多的是处在迷茫的状态，虽然大家从各处都找了一些事例，但唯一确定下来的只有由我(焦守政)作为主讲人。

第六周的课堂，是我们进行第一次集体讨论的时间。从那时候起，一个巨大的问题逐渐从迷茫的海面中浮出，缓缓呈现在我们眼前，“倾听”与“价值”，如何结合在一起。在第六周的课堂上，别的组在积极地玩着游戏，而我们却毫无游戏欲望，只想讨论下周我们要带大家玩什么游戏。从开始的有声视频和无声视频对比，到后来的传声筒游戏，倾听与价值，逐渐演化成了倾听的价值。我们热烈地讨论着每一个细节，又请宋怡老师来给我们把关，老师说“无论你们做什么游戏，都要自己先体验一下”，而那时的我们，还没有意识到这句话的重要性。

周四，4月13日，距离团队课还有五天，我们开了第一次线上会议，从晚上十点到晚上十一点。大家仍旧讨论得十分热烈，只用了不到十分钟，便确定了只要做一个游戏就好，游戏的方式是两个人互相倾听。但后面却陷入了车轱辘话的陷阱，我们在细节上热烈讨论，却也没能得到什么结果。我觉得我不喜欢当组长是有原因的，比如在当时，我站了出来，提出“我们继续这样讨论细节没有意义，可以简单总结一下然后上报老师了”。我经常在团队中发挥如此的角色，但如果我的身份是组长，我的建议或许就带有了命令的语气，这不是我希望看到的。我们结束了讨论，上报的也仅有一个简单的框架。我觉得在这个过程中，我们做了许多无用功，比如我们提出了很多“我们可以设计些怎样的问题”，但实际上这些问题在当时没有被记录,也没有被实践,只是在反复地讨论可行性。老师也给出了意见,仍然是先体验一下摸索经验。

周六,4月15日,这一次高新区的同学们聚在了一起,这对推进我们的团队课起到了至关重要的作用,大家终于可以面对面来检验我们方案的可行性了,我们收集了一些问题,发在群里,开始组队,按照各自的模式开始进行体验。大概半个小时后,我们陆陆续续完成了聊天,但有一对伙伴很投入,他们进行了接近一个小时的聊天。实践得到的聊天方式的丰富性大大超乎了我们的想象,本来我们设想通过实践,得到一种可靠的聊天方式。然而当大家完成之后,大家的观点几乎都转变成了,我们可以给大家更多的自由度。

我们分为了四组,有两组是两个舍友聊天,另外两组则是两个陌生人聊天,每一组的模式都各不相同。我是和我的舍友郑童文组队,我们两个开始时都觉得没什么聊的,于是就采取了构建一个情景,“假如你有一次免费旅游的机会”,然后以此开头层层明确细节,我们似乎没有在认真体验,反倒是像是在给大家设计问题,但不知不觉间,很快就聊过了半个小时。另一组是王恪和刘棋,他们也是舍友,他们也选择了类似的模式,他们的话题是“假如你流落了荒岛你会怎么做”,不过与我们不同,他们采用了讲述的模式,与我们比起来,他们似乎更多地认识到了“对方与平时不同的一面”,对对方有了更立体的了解。另外两组中他们都是完全不熟的伙伴,一组是陈熙泽和贾靖,他们采取了“你问我答”的形式,从很简单的问题开始,慢慢地聊到了一些深入的话题,使双方在聊天中慢慢了解。也是他们创造性地提出,我们可以在聊天结束后加入一个猜测及验证的环节。王晓博和赵松屹则是另一组的伙伴,他们的聊天模式和之前几组都截然不同,他们都选择了比较深刻的话题进行讲述,王晓博讲述的是假如他能够回到从前,他会过怎样的生活,赵松屹则讲述的是他逐渐认清自己坚持要做的事的过程。他们是我们中聊得最久的队伍,在他们分享时,我甚至还能感觉到他们尚未从倾听的状态中走出来。

在大家都完成聊天及分享后,我们围绕着是否要给大家设定猜测及验证环节讨论了许久,贾靖觉得猜测及验证环节能够检验倾听的效果,而王晓博则觉得如果真正地用心倾听,猜测及验证环节则是没有必要的,而我(焦守政)十分抵触猜测及验证环节,因为我觉得如果提前告知大家有猜测及验证环节,大家的聊天可能更多的不是倾听,而是在完成任务。但鉴于实在没有什么更好的办法使大家在聊天过程中不至于摸鱼,我们最后还是选择了这个方案。

周日,4月16日,我作为主讲人大体上制作了PPT,在晚上我们进行了一次讲课彩排,效果没有我预料得好,一是我面对电脑讲话总容易尴尬,二是在没有关键词辅助的情况下讲倾听的要素时磕磕巴巴。大家三三两两地提了些意见,比如加一页倾听的要素的关键词来辅助讲解，再有就是让我来完成给大家展示些引导性问题。我们再次就猜测及验证环节进行了争论，终究是没有取消它，也终于没把它更加细化。但此时我们仍几乎全部都是倾听，价值几乎没有体现，或者最多只能说是“倾听的价值”而不是“倾听与价值”，我其实是有些畏惧，所以在讨论的最后终于是把总结的任务给交了出去。

## 团队课

终于到了进行团队课的日子——周二下午。当真正站在讲台上时，我并不紧张，反倒是有些兴奋。在例行的团队仪式感活动之后，我三下五除二就讲完了简短得可怜的倾听的要素，开始讲述游戏环节。最终我还是不可避免地讲述了猜测与验证环节，我想尽力告诉大家它不重要，可我试图用语言描述它不重要的这个过程反倒使它比起其他环节讲得更加详细了，我当时有很强的危机感，生怕最后以倾听为主导的聊天滑向以猜测与验证为主导，从而使课程由大家无所事事导致失败滑向由大家敷衍了事导致失败。在摆上我们提供的各类引导性问题之后，分组环节开始了。

鉴于之前组内熟人聊天实践得也还好，还有同学提出或许有的人可以借此机会邀请本来就有好感的人组队深入了解，所以我们没有强制要求大家与陌生人组队，但不出意料，大家都是熟人组队了。我临时起意做了个十分大胆的决定，请宋怡老师参与到同学们中去，而我则在一旁观察。或许是出于让老师放松的目的，又或许是我真的十分喜欢作为一名局外人的缘故。

我成功地让老师参与了聊天环节，却也接下了老师的任务，我第一次以局外人的身份，观察着课堂上聊天中发生的一切。在刚开始时，可以说所有的同学都有一定的积极性，大家都在以不同的形式进行着对话。首先是我觉得我低估了给出引导性问题对于推动伙伴之间的聊天的作用。在观察中我发现，几乎所有同学在最初的一段时间里都是在努力地望向本不该得到如此多注视的引导性问题，以期从其中寻得展开聊天的话题。第二点是我觉得猜测与验证环节的加入对伙伴之间的聊天起到了巨大的影响。有很多同学自开始聊天，就不断地在纸上记录着什么，他们或许是害怕遗漏，却忽视了给予对方回应。我觉得在聊天的过程中，倾听的一方没有全神贯注地投入倾听中去，而是将注意力集中在记录上，那么这场倾听便不是那么成功。

时间过去了大概十分钟之后，有几组同学已经基本完全停止了对话，其中有草稿纸记了满满一页的同学，也有草稿纸空白的同学。我仿佛看见了前几周的我，奔着完成任务去参与活动，迅速地完成活动，然后开始摆烂。我特地上前去问了问，无一例外都是舍友组队,但他们似乎都没有想让对方了解自己的另一面的想法。我不知道有没有人勇敢地向有好感的异性发出邀请并借机进一步互相了解,但一眼望去似乎没有。在很多时候,我们似乎并没有想象中的勇敢。坐在最前方的一对异性伙伴,他们似乎是情侣,看他们似乎聊得很投入,不知是在拉家常,还是在展现另一面。我们组的同学在进行过一次模拟之后,这一次不论是和陌生人组队,还是和熟人组队,都分外热情,感觉他们都和伙伴聊得很投入,这使我似乎明白了一些那些多次选这门课的同学的动机——第一次课程的意犹未尽能给第二次课程带来更大的热情。我还看到有同学在向她的伙伴分享照片,或许是她在描述一段有趣的旅游吧,后面果真如我所料,那时她正向她的伙伴分享自己说走就走的旅行。而有的同学则互相在纸上写写画画,她们似乎也聊得很投入,我当时很好奇她们在聊些什么,可是等到她们分享时,她们对对方的猜测却似乎都是建立在地域的固有印象上。我在想,或许是她们真的很好地做到了互相倾听,以至于不屑用猜测来证明自己在认真完成任务,这倒是我非常希望看到的态度——个性但可靠。

在时间接近尾声时,我观察到了一个十分奇妙的现象。坐在中部的同学仍然比较投入,而坐在四周的同学则基本都开始摸鱼了,我顿时觉得我似乎把他们震慑到了,吓得他们不敢在我眼皮子底下摸鱼,又或许只是他们胆子不如我大。我也是第一次意识到把控课堂是一件很难的事,我看着大家没有结束的意愿,一度不敢喊停大家,最后还是靠宋怡老师来维持场面。转而进入了猜测与交流环节,几乎所有的同学都不如之前的倾听环节来得投入了,除了几位开始就在摸鱼的同学,这时反倒开始热烈地讨论了起来。我觉得这场面有些失控,大家更多的是抱着吃瓜与看乐子的心态在聊天,反倒是和倾听毫不相关了。

终于迎来了听大家分享的时刻,我本以为会听到像我们模拟时那样的深刻体会,但得到的却基本只是任务导向型的结果,大家都按部就班地分享了些猜测的成功与否,却忽视了聊天环节最初的目的——让大家去倾听对方。不过又或许是课堂上的人太多,并不是所有人都有站起来分享自己内心真实的想法的勇气吧。我也选择了我们组的一位同学起来分享她的心得,但得到的却是一堆她对她的伙伴的总结,她是在场的同学中总结做得最完整的,却远没有我们实践的那天下午的分享来得令人感动,仿佛这是一场任务,而她完整的总结,也给我们的团队课画上了完整的句号。最后宋怡老师对我们做了点评,肯定了我们给出的不同情况下的引导的作用,也指出了我们的猜测及验证环节存在的一些问题。这大概是这堂团队课给我们留下的最深刻的经验,有时候试图得到唯一的结果并不一定是最好的选择,尤其是存在巨大争议的时候。假如我们没有最后确定下来要让大家去猜测与验证,事情是否会更好一些呢?

## 写在最后的简短总结

平心而论，我觉得我们组同学在体验自己的设计进行聊天的收获或许比大家在课堂上进行聊天的收获更多，一部分原因或许是我们是奔着任务的心态去完成的，另一部分原因或许是那天大家都在安静的环境中分别聊天，或许倾听的效果更好。我们小组在合作完成团队课的过程中对彼此加深的了解，也比通过课堂活动加深的了解来得更多。

## “羽民同乐队”团队的任务课准备及实施总结

团队任务课需要围绕关键词给大家上90分钟的课程，倾听、价值、合作、冲突、精神、理想、表达、信念，这八个关键词对我们羽民同乐队来说最中意的其实是合作与精神。就羽毛球这项运动而言，队友间默契的合作与不骄不躁不放弃的精神是制胜的法宝，但不论是哪两个，我都想不到围绕关键词有哪些内容足够支撑90分钟的课程，又能让大家有所收获，队内的讨论也是一筹莫展，而更加雪上加霜的是可供我们选择的只有大家挑剩下的关键词——表达与信念。

确定好关键词后，无法和羽毛球相关联加上毫无方向，团队任务课便被长时间的搁置。坦白说，相较于其他队，我们队的团队任务课并非经过精心准备的，取得的效果却有些令人意想不到。

为任务课带来些许转机的是鲁茂林同学与我们班级的团建。退休老人队上完一次课后，以游戏的形式上课给了我们以启发。早些时候，在鲁茂林的建议下，我们曾初步设想过一个方案。表达方式有肢体动作、语言、书画等类型，我们便以表达为主题，将游戏分为两个环节：第一个环节是以羽毛球落点的准确程度限制大家的表达方式，落点越准的队伍能用的表达方式越多；第二个环节便是比拼哪队能传达最多的正确信息。可以想象，表达方式越多的队伍能传达的信息会更多，传递信息的准确度也会相应地提高，以此突出表达方式的重要性，在有趣味性的同时也具备一定的教育意义。但我们所顾忌的一个问题是“公平”，肢体动作、语言、书画，每种表达方式能传递的信息种类与信息量大不相同，草率地限制其中一种或几种很容易使得队伍间的竞争失衡，也就失去了游戏中最基本的公平，尝试将其细分之后又发现想要均衡各组之间的平衡相当不易，说到底还是我对于“表达”的认知不够，这难得的主意便又被搁置了。

另一个转机是4月16日我们班级的团建，在团建中有两个简单小游戏“眉目传情”与“背部作画”。两个游戏都不限定时间,只追求最后结果的准确性。眉目传情要求小队成员不可以出声,不可以用肢体动作,只能用眉毛与眼睛传递数字信息,拍肩膀作暗号,回头再进行两两传递,此时其他同学不可参与。背部作画要求小队成员都不许回头,不能发出声音,只能通过在背部作画传递文字或数字信息。这两个小游戏就像是我们的救命稻草,在我们一筹莫展之时兀地出现后便成为了我们的首选。

定下方向后,准备好规则介绍PPT与题目便是准备工作的全部,并不复杂,同时我们也在暗中祈祷这两个简单的小游戏能够引起大家的兴趣并足够支撑90分钟,否则剩下的时间对我来说想必是度“秒”如年吧。

课程的开始比想象中顺利,在给大家介绍眉目传情规则,说到只能用眉毛和眼睛传递信息时大伙便开始有了响应,小队内讨论信息传递规则的时候更是热烈。好的方面是显得大家很有积极性,不至于冷场尴尬,坏的方面是热烈得停不下来,拖慢了整体进度,这也是之前所没能预料到并做足相应准备的,一个人叫多个组停下着实有些力不从心。

这两个游戏虽然叫它小游戏,但其中也暗含着许多门道。就拿眉目传情来说,挑眉、皱眉,眉毛打结,眨眼、瞪眼,不能急眼。更何况还可以左右眼相互区分,能表达的信息也着实不少。与此相对应的,所能表达信息多元也意味着更容易引起队友的误解,从而只能传递出错误信息,因此,队伍内是否能够尽快彼此达成一致便显得至关重要了。而后各小队的表现也恰恰证实了这点,能够尽快达成一致的小队往往也能最快最准确地从队尾将信息传递至队首,而那些为了寻找最优解迟迟无法统一传递规则的队伍则容易出现紊乱与误解,最终得到的结果在不限时的情况下仍与正确答案大不相同。

放至生活、工作当中,上达下行、团结一致是一个团队能高效达成共同目标的基础,团队目标通常需要下分给队内各位成员,有时任务还会环环相扣,一旦其中某一环节出现问题,整个任务就可能前功尽弃,因此,在开始任务之前,与每位成员达成一致至关重要。

## “汪汪破大案”团队的任务课准备及实施总结

在本次的心理拓展与团队建设课程中,汪汪破大案队围绕“倾听与理想”这一主题来开展团队公开课的汇报。本次汇报主要包括“房树人”测试、学会倾听、追逐理想、倾听与理想四大板块。以下是我作为本次组织者的一些心得体会:

在公开课伊始，本小组利用经典心理投射实验——“房树人”心理测试作为引子，这个简单的测试让同学们开始动手进行有关房、树、人的简单绘画，从而反映各位同学的心理状况，并且我们可以通过“是否画耳朵”这一细小的点来简单反映个人是否更善于倾听这一论点。当然，本次测试并不是一定要看出大家的潜在人格特征，毕竟巴纳姆效应的存在会让我们觉得很多投射特征和自己相符，其主要目的只是引出后续我们对倾听这一名词的心理学解释和一些锻炼大家倾听能力的小游戏。我本人也参与到了这个活动中，并且在画完后和一位同学关于所画内容进行了交流，我认为这是非常必要的，因为如果没有后续的交流绘画内容就没有很好的表达渠道，这个测试也就失去了团队建设的意义。

之后我们还进行了“学会倾听”小游戏，即让大家围成一个圈圈，然后互相分享最近发生的有意义的、有趣的事情或者是自己的理想，然后再两两随机分组来用自己的话描述对方所述的东西，最后在大家面前进行简单的分享。这一项游戏虽然听起来很简单，但是做起来却很难。我作为一个观察者，看到大家都很投入到这个环节当中去，但是很多人在听完别人所说的事情后却并没有办法很好地重述整个过程，这很大程度和倾听分析能力有关，并且这个游戏过程也从侧面让大家锻炼了语言表达能力。在后续的“猜谜对抗”游戏中，我们将两两小组间进行对抗，其中一组在纸上写出关于理想的词汇，并且让另一个小组的队员利用肢体语言进行你画我猜，从而加深大家对于理想这个概念。但是在这个过程中我发现，很多人模糊了理想和梦想的区别，例如，有小组写下的词汇是“长生不老”，这就是典型的不切实际的梦想而非与现实相交织的理想。所以我在这个小游戏的进行过程中也从弗洛伊德《梦的解析》出发，对梦、梦想、理想三者进行区分，我认为这对同学们确定力所能及的、利他的个人理想和社会理想有一定的帮助。

最后本小组的公开课简要地对倾听与理想的二者关系进行了分析。我们小组从动漫电影《侧耳倾听》出发，认为在实现理想的开始阶段，即确立理想的本质就是每个人对于自我内心的一种倾听，而具有倾听能力可以更好地使我们遵从自己的本心；此外，追逐理想需要他人的倾听，即其他人的倾听可以使我们获得极大的认同感，从而产生内驱力，有利于我们与他人共同追寻理想。

综上所述，我们小组内的每个人都参与了本次公开课的策划与开展，并且在这个过程中真正地体会到了大家共同达成一个目标时的成就感，即团队建设的魅力，我觉得这是我们在公开课环节中最大的收获。其次，我们还展开了一些拓展性的游戏和测试，在增进大家团队意识的基础上有利于增加大家对于倾听和理想这一主题的理解。

以下是本小组内成员在策划和参与整个活动过程中的个人心得体会。

吴仁曦:我认为“汪汪破大案”队本次的活动特别丰富,设计了许多小游戏,参与感和体验感都非常好。其中让我印象深刻的是第一个小测试“房树人”,这个游戏需要我们参与者在一张白纸上画出一个房子、一棵树和一个人,要求画得不能过于写实和复杂,但也不能太潦草,特别强调了人物不可以是没有五官的火柴人,其他空间布局和细节可以自行设定。队长给了全班同学5分钟的时间作画,画完之后让我们各自分享了画的内容所对应的人的性格、习惯、心理状态。根据所给的判定结果,我觉得有些出乎意料,因为本人自认为自己是一个擅长倾听的、对外界声音比较敏感的人,但对应的分析结果却显示我并不善于倾听,因为我在画小人儿的时候没有画上耳朵。不过其中也有比较符合我的结果,我画的人物是一个直刘海的小女孩,对应的解析说有刘海说明比较注重外在形象,可能意思是说我比较爱臭美。总之这是一个非常有意思的活动,“汪汪破大案”队真棒!

张晨帆:在这次以“倾听与理想”为主题的课堂上,我印象最深的是“房树人”测试,虽然很早以前就听朋友说过相关的测试,但在本次课堂上我还是第一次去体验这样的一个测试。我感觉自己所画的房、树、人像是按部就班地按照测试要求要画什么就画什么,没有思考什么太多的联系,但是由于自己的绘画水平确实不足以让我有很大的发挥空间,在看到附近小伙伴所画的后,真心觉得他们好有创造力和想象力,画出来的东西竟是如此奇妙。对于我个人而言,这一测试确实能让我认识一下自己,通过结果比对有些所说的特征真挺符合的,真心感慨这类心理测试的神奇。

李根:在本次公开课中,我参与策划的是类似“你画我猜“的这个游戏。在亲身游玩这个游戏的过程中,小组内的参与者必须依靠身体语言来表达他们在纸条上看到的内容,这要求我们充分利用身体语言和非语言交流来传达信息。我认为这项对于有些同学可能是挑战性的,因为他们可能不是很熟悉利用身体语言进行交流,或者他们可能不知道如何将具体的意思表达出来。相反地,对于观察者来说,仔细观察参与者的身体语言并尽可能准确地猜出纸条上的内容也是重中之重,他们必须依靠自己的推理和想象力来猜测其他人表达的信息。

我认为通过这个游戏,参与者们能够感受到失去语言能力时所面临的挑战和困境。另外,通过借助身体语言和非语言交流来弥补语言障碍可以展现出我们在这个课堂的创造力和适应能力。更重要的是,这个游戏让同学们更加珍惜和重视语言的重要性,鼓励我们学习和练习更多的交流技巧,非常贴合我们小组本次的“倾听与理想”的主题。

张秀秀:在这次的小组汇报中我和另一位同学参与搜寻了关于“倾听在心理学的概念、表象和重要性”相关资料并做成PPT。我是一个做事情比较一板一眼的人,展示的内容也是很理论性的。而我的搭档是一个喜欢天马行空的人,更喜欢用一些生动的例子和有趣的图片去表达这部分内容。与他在完成这部分任务的过程中,感受到了这种碰撞带来的一个平衡而有趣的结果。

在队长的积极带领下,这次的团队任务课进行得很顺利,同学们也在积极地参与到游戏中,现场的氛围很热烈。尤其是在"房树人"的绘画中,我看到了一些超出我想象的作品,原来每个人的内心世界竟有霄壤之别。

王泽越:"理想与倾听"主题中印象最深刻的游戏互动是关于理想的猜谜游戏。为了防止小组互动大家浑水摸鱼,要求是每两个小组上台表演一道题,在有限的时间内结束,并且每个人都有一定的参与,这种模式高效有趣。

最深刻的环节是关于理想的陈述。把人当作一个稳定系统,把实现理想作为系统的输出,倾听、坚持、陪伴、理解等都可作为系统的输入。这些输入以不同的权重混合会产生不同的奇妙结果,在动漫《侧耳倾听》中,倾听与理解的相互作用下,男女主共同追寻理想。于我们而言,正在追逐理想的路上,希望我们可以低头赶路,敬事如仪。

陶钰禧:这次的小组游戏,我们分别从倾听和理想两个方面入手,进行了前期资料的调查,游戏的设计,游戏的解读以及最终通过游戏对倾听与理想的反思以及中心思想的升华。

作为本次活动设计团队的一员,我参与的是梦想与理想异同的背景调查。在调查过程中,我发现梦想与理想本质上存在着不同梦想,主要针对于个人,而理想包含着两个方面:个人理想与社会理想,且社会理想高于个人理想。

同时,作为活动的参与人,令我印象最深刻的环节就是"你画我猜"。我们将个人理想浓缩成五个关键词,由对方队友进行抽取,对方队友需在内部将队员分为猜词方和表演方,如果表演方表演的内容被猜词方猜中,则对方队伍胜利。这个游戏看似简单,实则是考验队友之间的默契,以及每个人对理想的理解和表现,在展现个人理想的同时,也收获了他人对于自己理想的理解。

本次活动,在大家都相互配合下,完成得十分顺利,他不仅加深了我们对于倾听与理想的认识,也让我们切实地体验了,倾听他人理想与自我理想的表达。

钟佳鑫:此次心理活动,我充分感受到了信任、沟通与倾听的重要性,在交流活动中,我们需要安静地倾听他人的故事,而倾听不仅是一种动作,更是一种能力。而在猜词活动嬉嬉闹闹的氛围里,又可以轻松地体会到,彼此的表达和信任,这些都令我感到快乐和满足。

匡华:在本次的小组授课中,我准备的部分是有关于倾听与理想的影视作品。为此我看了组长推荐的宫崎骏作品《侧耳倾听》。看完后我觉得它的英文译名更贴合作品，翻译过来应该是“心灵的微声”。在现实生活中，我们大都不缺乏倾听的能力，无论主动还是被动都倾听过别人的看法。但与之相对的诉说和表达的能力却更难能可贵，我时常觉得清楚地传达自己心中的想法是一种很困难且勇敢的行为，尤其是一些涉及内心深处的想法。而我觉得这部作品传达的重点不在于倾听，而在于男女主以及各角色对于各自内心想法的倾诉。为此我查找了该作品的日语原名，经过翻译后发现确实是侧耳倾听，可能这就是一千个人有一千个哈姆雷特吧。

廖小龙：在关于理想主题的你画我猜游戏中，我充分认识到了合理充分运用规则的重要性。像我们小组想的词汇——“老婆孩子热炕头”，真的是难度系数过高。

## “悠度”团队的任务课准备及实施总结

我们组的关键词是“合作”“精神”，前期的策划阶段，组长根据主题选定的几个方案，由组员们讨论，选择哪一个方案。大家根据主题，改进游戏设计，提出自己的建议，群策群力。我们初始想法是：第一个游戏“一块五毛”可以调动全场氛围，毕竟下午时间大家容易困；第二个游戏“集体创作”也是紧扣“合作精神”的主题；第三个游戏“你画我猜”，游戏设计上，我们考虑从组内、组间的层面进行比较，体现“竞争中合作”，竞争和合作本身就是密不可分的两个概念。同时，这三个游戏难度是层层递增的，对合作的要求也是层层递增的。第一个游戏，仅仅要求“组成临时合作关系”，第二个游戏集体创作是要求“思想、思维层面的协作、合作”，第三个游戏对合作的要求更高，需要综合各方面因素进行合作。我们初始想法是希望大家体会到合作如何层层深入，如何达成更好的合作。但在和老师沟通的过程中，发现我们的理解出现了偏差，“合作”和“精神”分别是独立的概念。时间紧张，大家最后紧急讨论，分别提出自己的修改意见。虽然最后呈现中，“精神”的体现确实比较薄弱，我们没时间进行大幅度调整，但我们确实集体“挣扎了一下”。

实施过程中，考虑到了场地调整的不便，课前临时调整了游戏顺序，导致前期氛围调动不足。第一个游戏变成了“集体创作”，大家脑洞大开，但时间有限，大家的创作热情很高，最后也诞生了一些风格迥异，荒诞离奇的故事。第二个游戏临时修改了规则，虽然没按照初始想法，但大家玩得很开心，也诞生了一些“石破天惊”的作品。最后一个游戏“一块五毛”，原本时间所剩无几，但大家呼声很高，还是完成了游戏，并且大家乐在其中。(这个游戏对于来说小学生可能有些幼稚，但对于大学生刚刚好。)总之，这次的固定任务也算顺利完成，虽然可能没有达到预期效果。

## 成员感受

刘雨欣：本次活动的主题是“合作与精神”。在日常的生活和学习中，从来不缺少合作的概念。我们组设计了“集体创作”“你画我猜”和“一块五毛”三个活动。其中集体创作的活动给我留下了比较深刻的印象。虽然团队里面的每个成员只是提供了几个词组或者句子，但是最后组成的故事内容可以说是天马行空，并且每个团队创作出来的故事风格也有非常大的差异。就我们团队来说，一开始的故事比较平淡，大家自由地畅想夏天可以品尝到的美味的食物。但是，在成员们的逐渐放飞自我之后，故事的走向开始变成了车祸、失忆、替身财阀少爷，最后喜欢上了未婚妻的妹妹。这说明，在团队合作的过程之中，由于每个人的思维方式的不同，不可避免地会产生想法的碰撞，正是这种相互之间的交流和思考，反而可以开拓每个人的思路，不会单单局限在自己的想法之中。对我来说，合作就是一个求同存异的过程。我们的团队目标首先是共同创作出一个完整的故事，在此基础之上，团队中的每一个成员可以自由地表达自己的想法，这样最后完成的故事才可以比较完整的展现出我们的团队精神。

吴亚凡：这次合作与精神主题心理课，我们小组一开始可能对老师传达的精神理解有所偏差，导致在课程设计上有一点小问题，经老师指出作出更改。整个活动中，组员提出对两个关键词的理解，组长根据这些理解承担了大部分设计工作。通过这次课程设计，体现出组内合作的重要性，需要大家提前做出充分沟通，对各自的理解和想法互通有无，才能有优秀的方案。虽然每个人的理解和想法都各有不同，但是相互之间的交流更能碰撞出思想上的火花，将工作完成得更好。

张蕊：此次我们组的关键词是“合作”“精神”，围绕着关键词，我做了几个备选方案，由组员们讨论选用哪一个方案。大家根据主题，改进游戏设计，提出意见建议，群策群力，完成了我们的初稿。我们初始想法是通过层层递增的关于合作的游戏，希望大家体会到合作如何层层深入，如何达成更好的合作。在和老师沟通的过程中，发现我们的理解出现了偏差。“合作”和“精神”分别是独立的概念，我们集体“挣扎了一下”，但大的框架还是没时间修改。在实施过程中，和预期出现了一些偏差，调动大家参与热情，确实有技术难度，而且加上下午本来就容易困，活动实施过程中。但是最后固定任务也算是顺利完成了，完美扣题了，这是我们集体“合作精神”的体现。

张宸翊：合作精神是我们每个人在学习和生活中非常重要的一环。我们组将这个词分解为“合作”和“精神”两个部分来分别理解。首先，我们的组长从理论部分讲解了合作和精神的具体含义，接着开展了“接力故事”“你画我猜”和“一块五毛”三个游戏。在“接力故事”中能体会到同一组在未知情况下的合作；在你画我猜中能体会到不同组在合作中的竞争；在“一块五毛”中能体会到不同组在相同环境下随机地合作。在这三个活动中大家感受到了合作精神在不同情况下的含义。

白柯岩：我们组选择的固定任务课的主题是“合作”与“精神”。前期策划阶段，组长承担了大部分设计工作，之后大家群策群力，提出自己的想法、建议，进行策划的修改完善。在整个过程中，我深刻体会到了合作的重要性，我认为我们组完成得很好。

郑修富：我们悠度组选择的固定任务课的关键词是“合作”与“精神”。正所谓单丝不成线，独木不成林。我们组经过前期商讨，共同决定选出“接力故事”“你画我猜”“一块五毛”三个游戏来体现合作与精神的主题。小组长在整个的课堂组织过程中，充分调动大家的积极性，非常完美地促成了整个流程的进行。在整个的游戏体验过程中，每个人都有不同想法，合作成果的快慢，更依赖于大家彼此之间的默契和磨合程度，以及对团队荣誉的重视程度，这个更加体现了精神词汇的内涵。团队合作的灵魂就是如何更加完整地体现出各自团队的精神，并发扬和传承此精神，运用团队力量以达到最佳的合作效果！

童妙妍：在“五一”之后的第一节心理课我们小组负责组织了一节以“合作”和“精神”为主题的心理课，主要组织了三个游戏：“接力故事”“你画我猜”和“一块五”，每一个游戏都很有意思。首先，我们组的组长带领组员一起完成了PPT然后在老师的建议下得到最终版本。第一个游戏的规则就是大家每人一个词组或者一个句子接力故事，大家文思泉涌，最后接起来的故事搞笑又离奇，融合了韩剧等经典梗，非常好玩！其他组的故事也很有趣，这说明大家的思维创新碰撞在一起可以迸发出不一样的色彩。第二个游戏的规则就是两个人画两个人猜，两个画的人三笔轮换，这个游戏很考验画和猜的人之间的默契，其中有一组画凤凰的让人印象深刻，画的人有自己对于凤凰独特的理解导致大家都猜不太出来，体现了团队合作中沟通的重要性。第三个游戏的规则就是男生一块女生五毛，然后按照主持人说的要求大家围在一起，重点就在于能否快速找到自己的伙伴达到目标。这些活动体现了合作以及合作过程中的协作和融合精神的重要性，并且每个团队的成员都参与度很高。但组织过程中关于游戏的规则大家还存在一些讨论，比如，第一个游戏的词组和句子以及第二个游戏的计时轮换等，后续组织活动值得去反思。

薛凯：这次合作精神主题的心理课上，我们首先对“精神”一词进行了具体的分析，而后引申到“合作”的主题上来。通过小组成员接力完成故事编写的小游戏让我们初步地认识到了不同的人的思想能够创造出怎样的火花。“你画我猜”的游戏不仅仅是精神的体现也是对合作的体现。就比如让各个同学都忍俊不禁的“龙凤呈祥”一词，猜的同学和画画的同学应该要有着较高的默契程度才能出色地完成这个游戏。

隋东辰："五一"之后的这次心理拓展与团队训练课是我们"悠度"组负责组织的。我们围绕"合作"与"精神"的主题，进行了一些探讨，组长带领我们完成了心理课的PPT，但初稿与老师的要求略有偏差。最终经过组员的不断建议，我们完成了PPT的终稿，并设计了三个游戏："接力故事""你画我猜"和"一块五"。在这些游戏中，大家踊跃参与，更加充分体现了合作和融合精神的重要性。同时在PPT和活动的设计过程中，也体现了不同成员的思想会碰撞出不同的火花，进一步印证了合作的重要性。

薛连基：本周一轮到我们组进行课堂展示，主题为"合作""精神"。虽然我因为有事没有在课上参与活动，但是经过观看PPT和组员的介绍，大致进行了了解。本次课上我们一共进行了三个游戏("接力故事""你画我猜"以及"一块五")，活动中大家积极参与，气氛很好，大家在游戏中体会着合作精神的重要性。我也相信经过这次活动之后会增加各位同学对于团队合作的认识，并在生活中与他人为善，积极合作，彰显合作精神。

## "汪川队"团队的任务课准备及实施总结

胡亮

### 一、策划

#### 1. 明确定义

冲突是指个体或群体意识到他人采取或将要采取不利于自身利益从而对自身利益进行保护的一种行为，结果通常至少有一方利益受到了损失。如果在描绘个体或群体一起工作的维度上，亲社会行为和合作构成了维度的一个端点，那么冲突就是该维度的另一端。

#### 2. 设计课程的基本方向

游戏主要以制造冲突为主，尽量涉及到博弈与决策方面，最好能够有棋牌类的游戏，可以凸显我们队的特点。为此我们寻找了一些心理学的相关游戏，并根据实际情况(时长、空间、人数等)进行了一定的改编，以确保能够适应我们的课程节奏。

### 3. 设计相应的游戏

#### (1) 代号接龙

游戏规则:

① 参与者围成一个圆圈,选出一个起始人开始。

② 参与者,以起始人的位置为基准。右手边第一人为1号,右手边第二人为2号,依次为3号……

③ 游戏从起始人开始,任喊一个数字,数字不得超过人数减1,如"3",则由右手边第三个人喊出下个数字。

④ 每次传递数字时,都会改变基准。当起始人传递完数字后,接收到数字的人成为新的基准。

⑤ 抢答或者不答将被淘汰,剩下人继续游戏,由上轮最后一个正确传递数字的人开始,直至剩余两人结束比赛。

游戏方式:

① 四个大组,组间PK,可进行多次。

② 每组推选最强的两位,代表小组荣誉出战!

#### (2) Solo猜词

游戏规则:

① 两队间互相写出一个名词让对方猜测。

② 给出名词的5条线索,线索内容包括但不限于名词的利用价。

③ 线索通过队内代表Solo获胜取得。

Solo规则:

① 游戏两两一组,进行剪刀石头布。

② 游戏开始时,双方脚尖对脚尖站立。

③ 进行剪刀石头布,胜者将前脚放在另一个脚后面,败者前脚跟进,脚尖紧贴,直到一方坚持不住。

#### (3) 信任游戏

游戏规则:

① 每人摸取相同数量的扑克牌。

② 每回合每个人可以选择一张红色或者黑色牌打出,等对方打出牌后,再翻看积分。

③ 双方同时为红色时,各加三分(+3;+3);

双方同时为黑色时,各加零分(+0;+0);

一方为黑色,一方为红色时,黑色得2分,红色扣一分(+2;-1)。

游戏方式：

① 两两一组，熟悉游戏规则。

② 分成四大组，多人同时进行游戏。多人游戏时回合逆时针轮转，本人回合拥有选择游戏对象主动权。

### (4) 信任游戏2

游戏规则：

① 每人摸取相同数量的扑克牌。

② 每回合每个人可以选择一张红色或者黑色牌打出，等对方打出牌后，再翻看积分。

③ 双方同时为红色时，各加三分(＋1;＋1)；

双方同时为黑色时，各加零分(＋0;＋0)；

一方为黑色，一方为红色时，黑色得2分，红色扣一分(＋2;－1)。

游戏方式：

① 两两一组，熟悉游戏规则。

② 分成四大组，多人同时进行游戏。多人游戏时回合逆时针轮转，本人回合拥有选择游戏对象主动权。

③ 每组推选最强的两位，代表小组荣誉出战！

## 二、实施

根据之前的经验，我们简单设计了课程的基本流程：

① 自我介绍，齐唱队歌。

② 介绍冲突与价值的基本定义。

③ 按照课前的准备，组织游戏。

④ 鼓励大家谈谈今天的心得体会，并总结今天的活动。

⑤ 请老师总结并点评。

## 三、感受

就笔者而言，这次课的主要内容是如何认识冲突与价值。生活中我们常常遇到冲突，但是怎么去认识冲突，怎么平衡冲突与合作的关系，这往往为我们所忽略。我们常常秉持的观念是，“君子和而不同”，但是恰如老师所说，适当的冲突往往有助于人们合作，提高团队的向心力。

可以说，冲突的本质是为了获得更高的价值，但是有时为了获得的价值的最大化，我们往往需要进行一定的磨合，才能进一步增进了解、提高工作效率。